粤港澳大湾区校企合作协同育人路径研究：政府、高校、企业三元一体的视角

张彦 著

中国出版集团
中译出版社

图书在版编目（CIP）数据

粤港澳大湾区校企合作协同育人路径研究 ：政府、高校、企业三元一体的视角 / 张彦著. -- 北京 : 中译出版社，2021.6（2022.6重印）

ISBN 978-7-5001-6664-1

Ⅰ. ①粤… Ⅱ. ①张… Ⅲ. ①地方教育－产学合作－研究－广东、香港、澳门 Ⅳ. ① G527.65

中国版本图书馆 CIP 数据核字（2021）第 101265 号

粤港澳大湾区校企合作协同育人路径研究：
政府、高校、企业三元一体的视角

出版发行 / 中译出版社
地　　址 / 北京市西城区车公庄大街甲 4 号物华大厦 6 层
电　　话 /（010）68359376　68359303　68359101
邮　　编 / 100044
传　　真 /（010）68358718
电子邮箱 / book@ctph.com.cn
责任编辑 / 王　滢
封面设计 / 摘星创意
印　　刷 / 三河市明华印务有限公司
经　　销 / 新华书店
规　　格 / 787 毫米 ×1092 毫米　1/16
印　　张 / 9.25
字　　数 / 205 千字
版　　次 / 2021 年 6 月第 1 版
印　　次 / 2022 年 6 月第 2 次

ISBN　978-7-5001-6664-1　　定价：68.00 元

中 译 出 版 社

前 言

本书的撰写初衷，缘于本人所做的职业教育教学改革项目“融入粤港澳大湾区背景下校企合作协同育人模式探索与实践”。党的十九大报告提出“完善职业教育和培训体系，深化产教融合、校企合作”，也明确指出“香港、澳门发展同内地发展紧密相连。要支持香港、澳门融入国家发展大局，以粤港澳大湾区建设、粤港澳合作、泛珠三角区域合作等为重点，全面推进内地同香港、澳门互利合作，制定完善便利香港、澳门居民在内地发展的政策措施”。粤港澳大湾区是由香港、澳门两个特别行政区和广东省广州、深圳等九市组成的城市群，是国家建设世界级城市群和参与全球竞争的重要空间载体，是继美国纽约湾区、旧金山湾区和日本东京湾区之后的世界第四大湾区。作为紧邻广东的省份，广西在融入粤港澳大湾区建设、培养适应湾区建设的高级人才等方面，具有明显的区位优势。校企合作协同育人是当前应用型人才培养的必然要求，也是高等院校结合专业特点打造办学品牌、凝练办学特色、提高人才培养质量的重要途径之一。但目前来看，专门针对校企合作协同育人的相关理论专著极少，基于此，撰写相关专著有很强的现实意义，可以为学校开展校企合作协同育人提供理论参考和实践参考依据，为促进校企合作协同育人向纵深开展、助推广西融入大湾区建设起到积极的推动作用。

著 者

2020 年 10 月

目录

第一章 “三螺旋”范式下校企合作协同育人的概念厘定

第一节 校企合作协同育人的逻辑起点

一、粤港澳大湾区的定位与规划

“粤港澳大湾区”概念的提出经历了漫长的过程。“湾区”概念早期以经济区、港口群的形式出现，如将珠三角经济区加港澳特别行政区定义为大珠三角经济区。大珠三角湾区包括了两层概念，一指临近珠江口岸线滨海地带的“小湾区”，二指临近珠江口各行政管辖区范围的“大湾区”。过往的研究多基于长三角区域合作理论，单独的“湾区”理论在我国的探索是近几年才兴起的。目前，大湾区规划正在研究编制的过程中，学术界对于大湾区的范围界定并不一致。大多数人认为其仍是以“大珠三角”，即广州、佛山、肇庆、深圳、东莞、惠州、珠海、中山、江门等九市，以及香港、澳门两个特别行政区形成的城市群。粤港澳大湾区分为核心层、协同层和辐射层三个层次：核心层即临近珠江口岸线的滨海地带；协同层即广东省沿海地市及港、澳两个特别行政区；辐射层即珠三角区域。无论其范围如何，粤港澳大湾区的关键词是“融合”，本质是协同发展。

粤港澳大湾区总面积达 5.6 万平方公里，目前总人口已超 7000 万人，是我国开放程度最高、经济活力最强的区域之一，在国家发展大局中具有重要战略地位。建设粤港澳大湾区，既是新时代推动形成全面开放新格局的新尝试，也是推动“一国两制”事业发展的新实践。

粤港澳大湾区的优势如下：

（1）区位优势明显

粤港澳大湾区地处我国沿海开放前沿，以泛珠三角区域为广阔发展腹地，在“一带一路”建设中具有重要地位。其交通条件便利，拥有香港国际航运中心，吞吐量位居世界前列的广州、深圳等重要港口，以及香港、广州、深圳等具有国际影响力的航空枢纽，便捷高效的现代综合交通运输体系正在加速形成。

（2）经济实力雄厚

粤港澳大湾区经济发展水平全国领先，产业体系完备，集群优势明显，经济互补性强，香港、澳门服务业高度发达，珠三角九市已初步形成以战略性新兴产业为先导、先进制造业和现代服务业为主体的产业结构，2019 年大湾区经济总量已超 11 万亿元。

（3）创新要素集聚

创新驱动发展战略深入实施，广东全面创新改革试验稳步推进，国家自主创新示范区加快建设。粤、港、澳三地科技研发、转化能力突出，拥有一批在全国乃至全球具有重要影响力的高校、科研院所、高新技术企业和国家大科学工程，创新要素吸引力强，具备建设国际科技创新中心的良好基础。

（4）国际化水平领先

香港作为国际金融、航运、贸易中心和国际航空枢纽，拥有高度国际化、法治化的营商环境及遍布全球的商业网络，是全球最自由的经济体之一。澳门作为世界旅游休闲中心以及中国与葡语国家商贸合作服务平台的作用不断强化，多元文化交流的功能日益彰显。珠三角九市是内地外向度最高的经济区域和对外开放的重要窗口，在全国加快构建开放型经济新体制中具有重要地位和作用。

（5）合作基础良好

香港、澳门与珠三角九市文化同源、人缘相亲、民俗相近、优势互补。近年来，粤港澳合作不断深化，在基础设施、投资贸易、金融服务、科技教育、休闲旅游、生态环保、社会服务等领域合作成效显著，已形成多层次、全方位的合作格局。

粤港澳大湾区城市群要担负起战略使命，就需从中国创新驱动发展的需要出发，准确选择发展的战略重点。从国内来看，中国正进入科技创新的爆发期，以及科技创新和改革开放共同催生新业态、新产业的加速期。

据相关规划显示，到 2022 年，粤港澳大湾区综合实力将显著增强，粤

港澳合作将更加深入、广泛，区域内生发展动力将进一步提升，发展活力充沛、创新能力突出、产业结构最优化、要素流动顺畅、生态环境优美的国际一流湾区和世界级城市群框架将基本形成。具体情况如下：区域发展更加协调，分工合理、功能互补、错位发展的城市群发展格局基本确立；协同创新环境更加优化，创新要素加快集聚，新兴技术原创能力和科技成果转化能力显著提升；供给侧结构性改革进一步深化，传统产业加快转型升级，新兴产业和制造业核心竞争力不断提升，数字经济迅速增长，金融等现代服务业加快发展；交通、能源、信息、水利等基础设施支撑保障能力进一步增强，城市发展及运营能力进一步提升；绿色、智慧、节能、低碳的生产生活方式和城市建设运营模式初步确立，居民生活更加便利、更加幸福；开放型经济新体制加快构建，粤港澳市场的互联互通水平进一步提升，各类资源要素流动更加便捷、高效，文化交流活动更加活跃。

到 2035 年，大湾区形成以创新为主要支撑的经济体系和发展模式，经济实力、科技实力大幅跃升，国际竞争力、影响力进一步增强；大湾区内，市场高水平互联互通基本实现，各类资源要素更高效、便捷流动；区域发展协调性显著增强，对周边地区的引领带动能力也进一步提升；人民生活更加富裕；社会文明程度达到新高度，文化软实力显著增强，中华文化影响也更加广泛深入，多元文化进一步交流融合；资源节约集约利用水平显著提高，生态环境得到有效保护，宜居宜业宜游的国际一流湾区全面建成。

粤港澳大湾区城市群要把握住以下三大战略重点：

（1）建成全面小康社会和信息社会

在科技革命的驱动下，国际国内经济发展正在发生阶段性的重大变化，未来将会出现新的经济社会形态。全面小康社会是中国的既定发展目标，它不仅仅是指人民的生活水平达到富裕状态，还指紧跟时代的创新、绿色、共享、幸福的进步要求，体现以人民为中心的宗旨。从技术决定的生产和生活方式看，信息社会将是可以预见的社会形态，其特点是智能、智慧。目前，智慧生活方式、智慧社区、智慧城市建设等已显现出信息社会的端倪。粤港澳大湾区城市群要承担探索和建立一种新的经济社会发展形态，代表中国乃至世界经济社会发展的阶段性变化和方向的责任。因此，它需要把建成全面小康社会和信息社会作为一个战略重点。

（2）建成具有强大引导力和辐射力的世界经济中心

现阶段，中国因保持相对较高的经济增速，以及相对活跃的对外贸易、投资和产能合作而成为世界经济发展的重要引擎。粤港澳大湾区城市群需要抓住中国作为世界经济发展的主要引擎和“一带一路”建设顺利推进的有利时机，充分利用经济实力雄厚、市场活跃、创新和创业蓬勃发展、产业体系相对完整等有利条件，建设成为具有强大引导力和辐射力的世界经济中心。

（3）建成国家重要的增长极和世界最具活力湾区

粤港澳大湾区城市群既要在国内区域经济发展中发挥重要的空间组织作用，成为动力强劲的空间引擎，又要在国际经济发展空间格局中占据中心地位，力争与纽约湾区、旧金山湾区、东京湾区并驾齐驱。所以，粤港澳大湾区应以新的经济结构为基础，实现经济中高速增长、社会和谐发展、生态环境可持续发展、人民幸福生活的目标，成为世界城市群发展的新模式、新样板，成为世界最具活力的湾区。

二、从大湾区校企之间的“中间地带”出发

所谓“中间地带”，是指伴随人类社会分工自然产生的不同生产及生活领域之间的空白地带。人类社会早期，整个社会生产和生活处于原始混沌的状态，没有明确分工。随着生产力不断发展和社会关系的日益复杂，逐渐产生了恩格斯所说的人类社会的三次大分工，直到今天又演化成各大类产业，每一类产业又细分为成百上千的职业；生活方面，在最原初简单维持人类生存的基础上，逐渐细化出了衣、食、住、行、用、娱等多个领域。社会分工是人类社会发展的必然过程，由此推断——随着对自然、社会和人类自身规律认识的持续深入，社会必然会分化出越来越多、更加细密且专业的领域，不同领域之间的“中间地带”也会随之增多。

职业教育与企业的关系由原本一体化到逐渐分离，形成了校企之间，亦即人才成长过程的“中间地带”，并逐渐“异化”。“高职教育”和“企业”同样是社会分工的结果。在没有作为一个专门领域独立之前，高职教育与其他相关教育类型统称为职业教育。职业教育在人类历史中经历了漫长的演化过程，其中相当长的时期曾和企业紧密联系在一起，或者说实际是一个整体。在世界范围内，农业社会时期主要靠家传、世学传承技艺，这是职业教育的萌芽；到手工业时代出现了学徒制教育，并成为当时最主要的职业教育形式；历史推进到大工业时代，英国等西方国家出现了“工人讲习所运动”和实科学校等形式，职业教育开始集中进行；19 世纪中叶，世界发达国家率先出现职业学校。中国没有经历资本主义的充分发展，但近代职业教

育经历了类似的演变过程，1866 年清政府创办福建船政学堂标志着学校职业教育的诞生。

职业教育与企业分化的内在动因在于加强而不是削弱彼此，在于从专门化角度进一步提高双方的效率和效益。初期，这一目标得到了实现，但随着时间的推移，相反倾向开始出现并不断强化：职业院校由于难以避免的办学条件局限，人才培养从内容到形式都与企业现实状况渐行渐远；企业由于追求利益最大化，而将职业教育看作与己无关的事情。分化的直接后果就是受教育者所学内容不能很好地适应企业的实际生产状况，甚至很大程度上也不能很好地适应现实生活。职业教育与企业的分化，逐渐偏离了提高彼此效率和效益的初衷，即出现“异化”。针对这一情况，企业与职业教育应将其进行调整甚至校正，换言之，需要对两者之间的，即人才成长过程的“中间地带”进行联结或者跨越。

2018 年，广东、广西、海南三省签署的《2018—2019 年推进〈北部湾城市群发展规划〉实施合作重点工作》协议中提出 2018—2019 年三省（区）重点推进北部湾城市群对接粤港澳大湾区，北部湾城市群与粤港澳大湾区互联互通，北部湾城市群与粤港澳大湾区互联互通的重大交通基础设施项目规划建设，融入粤港澳大湾区世界级港口群，融入粤港澳大湾区国际航空枢纽建设，加快北部湾城市群与粤港澳大湾区先进生产力对接，承接产业转移。

国际大湾区无一例外都具备开放包容、高效创新、宜居宜业等特征，扮演着引领地区乃至全球价值链跃升的作用。国际大湾区之所以能够长久保持国际竞争优势，在激烈的竞争格局中不断实现自我超越和转型升级，很重要的一个原因就在于创业活动所带来的更替效应有利于产业结构的高级化发展。对于粤港澳大湾区而言，创业活力是否充足直接关系到湾区经济的发展速度和发展质量，而这又依赖于创业型人才的储备状况。大学生作为思维活跃程度最高、创新创业意识最强的群体，是创业人才培养和储备的中坚力量。因此，粤港澳大湾区要跻身世界一流湾区行列，就必须提升高校的创业教育质量，通过创业教育提高大学生的创业热情和创业能力，为大学生创业实践创造更多的条件，充分释放大学生创业所带来的“鲇鱼效应”，激发并保持湾区经济发展的活力。

国内“985”“211”等重点高校和国内部分著名企业在校企合作协同育人上进行了深入探索，并取得了明显成效。校企合作协同育人存在多种模式，如订单班模式、冠名班模式。学生进驻企业顶岗实习，再到校企合作协同育人共建校内、校外实习实训基地，进而升级到产业学院（二级学院），经历了一个从低级到高级逐渐演进的过程。现阶段，高校校企合作协同育人大多采取以培养全日制学历学生为主模式、企业职工继续教育培训和高校全日制学生培养双向结合模式及企业内部职工知识学历提升和继续教育培训为主的三种模式[1]。

基于产教融合的“校企一体化”协同育人，是指充分发挥香港、广州、深圳三个中心城市在酒店物业管理服务行业领域对珠三角地区的引领和外溢作用，引进更高端价值的香港物业服务理念，推进港澳与内地酒店物业服务业执业资格互认，从而实现专业与产业、职业岗位对接，专业课程内容与职业标准对接，教学过程与生产过程对接，学历证书与职业资格证书对接，职业教育与终身学习对接，达成“校企一体化”协同育人的目标。

基于产教融合的“校企一体化”协同育人模式秉承“教育与生产劳动、社会实践相结合，突出做中学、做中教”的职业教育理念，打破原有在酒店物业管理专业人才培养上校企“各自为政”的状态，课程设置更加贴近工作实际，教学过程更加贴近工作过程[2]。

三、从大湾区协同育人的“内生阻滞”着眼

（一）行政壁垒加剧封闭化瓶颈，阻碍联动深度

由于广东高校创业教育起步时间比较晚，至今还处于探索阶段，还没有形成系统化的创业教育课程体系和实践机制，因此，创业教育课程和实践环节的安排与设计都具有很强的随意性。因为积累不足，高校对于应该开设什么类型的创业课程、采用什么样的教学模式、预计达到哪些教学成果往往缺乏准确的把握和判断[3]。同时，虽然各种类型的创业课程、创业竞赛和创业讲座很多，看似满足了高校学生对创业教育的需求，实际上却是鱼龙混杂，反而对培养学生的创业能力造成了消极影响。碎片化的创业教育导致高校学生难以准确把握和挖掘粤港澳大湾区建设所带来的创业机遇，也难以为此储

[1]　周大鹏．产业学院：协同育人视角下高职艺术设计专业产教融合的探索[J]．高教探索，2018（3）：108-108.

[2]　赵志群．职业教育工学结合一体化课程开发指南[M]．北京：清华大学出版社，2009.

[3]　李伟铭，黎春燕，杜晓华．我国高校创业教育十年：演进、问题与体系建设[J]．教育研究，2013（6）：42-51.

备体系化的理论知识和实践经验，使得创业教育的产出远低于投入。

区域教育联动发展离不开各地政府的组织、引导和协调，而在“一国两制”的背景下，粤港澳大湾区存在两种社会制度，即广东和广西实行社会主义制度，香港和澳门特别行政区实行资本主义制度，加之该区域中西文化理念并存和3个关税区、10个城市的特殊格局，所以区域间校企合作若要上升到政府间的制度化合作层面，则需要妥善地处理好“多重与一致”的关系，否则由行政壁垒引发的冲突和矛盾必将造成粤港澳大湾区教育联动发展的困境。

相较而言，大湾区内部城市间的行政壁垒相对较低，协同度高，技术、人才、资本等生产要素能够在湾区内部自由流动[1]，而一旦涉及跨省市的教育合作时，行政壁垒就难以避免地成为制约跨区域教育联动发展的掣肘之处。第一，在宏观制度和组织层面，港澳拥有高度自治权，受国家宏观调控的干预程度较小，而广东和广西在行政决策过程中需要严格参照国家制定的“十三五”规划进行统一部署，并上报中央批复后才可以推行实施，这就在一定程度上限制了合作推进的高效性和灵活性。此外，广西和大湾区的相关行政部门、企业、高等院校在具体的合作过程中缺少可以依照的制度文本和分管的议事协调机构（导致决策机构和行政流程不同），难以找到合作的对接机构，加之相关政策引入、项目规划尚处于筹备起草阶段，所以资金投入模式和体制创新方向还需大量实践论证；第二，在教育体系层面，内地与港澳地区在学制、专业教学计划、学分制度和实习用工模式上并不统一，教育管理模式存在诸多差异，校际课程共享和互选、交换实习、学分互认往往是一校一办法、一地一操作，这就在无形中增加了大量行政成本和人力成本，降低了教育合作的效率，成为阻碍区域教育联动发展的负面因素；第三，在人力资源管理体系层面，内地与港澳的师资互聘、职称认证、企业驻训师的用工管理缺乏实践经验，粤港澳地区优秀人才来桂交流合作的绿色通道尚未打通，且缺少与大湾区人才市场相衔接的人才管理制度。

（二）区域间校企各自为政，拉窄联动广度

协同合作是粤港澳大湾区教育联动发展的前提。粤港澳湾区内教育资源跨省市自由流动是一项综合性系统工程，涉及层面广、参与主体众多，需要一套具备整体调度联动的校企合作协调机制。例如，深圳信息职业技术学院

[1] 申明浩，杨永聪．国际湾区实践对粤港澳大湾区建设的启示[J]．发展改革理论与实践，2017(7)：9-13.

倡议并主动发起粤港澳大湾区职业教育产教联盟，湾区内共有中高职院校、行业协会、主流企业和教育研究机构105家单位参加，联盟将实现资源共享、优势互补、协同创新、合作共赢，主动为粤港澳大湾区的产业转型升级、经济建设和社会发展提供强有力的人才支撑[1]。

广东高校创业教育的“脱节化”表现在三个层面：一是创业教育质量与粤港澳大湾区发展需求的脱节；二是创业教育方案与高校学生创业现实需求的脱节；三是创业理论与创业实践的脱节。粤港澳大湾区的建设对先进制造业与现代服务业的创业项目产生了更多需求，但是，当前创业教育规模的扩张并未同步带来创业教育质量的提高，影响了粤港澳大湾区创业人才的培养和储备。与市场需求脱节的同时也必然导致了创业教育与学生期望的偏离，使得创业教育容易陷入“食之无味，弃之可惜”的鸡肋境地。此外，学校主导下的创业教育往往理论有余而实践不足，不利于向粤港澳大湾区输送更多优秀的创业人才。

目前，广西的院校多采取与部分行业或少数企业签订短期协议进行产学合作的方式进行合作，即单一的、局部的校企合作与协同模式。广西范围内尚未组建包含区内外各大中高职院校、行业协会、主流企业和教育研究机构的跨区域、跨行业、跨院校的教育产教联盟或职业教育校企合作行业指导委员会，校方、行业、企业、教育主管部门共同参与的校企合作运行和管理机制更是无从谈起，这就在一定程度上拖延了区域教育资源的整合和结构优化的进程；而当职业院校与企业在合作育人过程中出现观点分歧或利益冲突时，又缺少第三方的监督和协调。因此，广西范围内急需一个兼具组织建设、课题研究、专业规范化建设、师资能力提升与教学改革、合作质量评价、产教融合及争议协调等方面功能的综合性的校企联盟。

（三）专业设置与区域产业结构错位，拉低联动效度

人才储备作为深度挖掘产业合作潜力、共建区域利益共享产业链的基础，离不开完整齐备的专业设置。借鉴纽约湾区、旧金山湾区、东京湾区三大湾区的发展经验，粤港澳大湾区的发展成就既源于各自优势的产业群，又得益于与之相伴相生、连接紧密的高等教育集群。

大部分广东高校虽然开设了创业教育课程，也组织了各种形式的创业竞赛和交流会，但是形式大于内容的缺陷仍然很明显。首先，就创业课程来

[1] 杜怡萍．粤港澳大湾区背景下职业教育的发展转型[J]．高等职业教育探索，2018(4)：1-5.

说，由于学校的重心在于科研和教学，所以缺少专业的创业教师资源，创业课程往往由行政岗位或者教学岗位的老师兼任授课。其中，有创业经历的授课老师极少，这也决定了创业课程往往只能停留在书本层面，学生难以从课程学习中得到有效的创业实践知识。其次，各种创业竞赛虽然形式丰富多样，但是很多环节设置与实际创业过程相关度非常低，对于提高创业者的创业能力并没有帮助。较为普遍的一个例子是，很多创业竞赛基于扩大影响力的考虑而设置了网上投票环节，导致创业团队把更多的精力从项目设计转移到了拉选票环节，这就降低了团队对比赛本身的专注度及自身竞争力。此外，部分创业讲座和交流会虽然邀请了业界的校友和精英参与进来，但是由于在前期就流程设计沟通不足，从而导致部分创业讲座变成了公司推介会和实习招聘会。

粤港澳大湾区作为我国老牌工业制造优势区、高新技术先发区，在人才、制度、教育、经济等方面均积累了丰富的国际经验和先天优势。例如，香港拥有国际一流的高校和国际化科技资源，全球500强在亚太地区的总部有80%落户在香港；珠三角地区则具有产业化的市场优势，培育了腾讯、网易、比亚迪、华为、中兴、大疆等一批知名高科技企业[1]。大湾区在工业与技术领域的优势产业包括电子信息、人工智能、新材料、生物医药等战略性新兴产业以及汽车零部件、整车装配等装备制造产业。结合上述优势产业反观广西高职教育专业设置，在人才的种类、数量及质量上均难以与大湾区产业达成较高的配适度。由于广西高职教育基础薄弱，受制于教育投入过大等因素，对师资和软硬件的配置均提出了新要求，因而专业建设进度尚未赶上区域产业实际需求；加之部分高职院校盲目开办诸如酒店管理、旅游管理等投入少、成本低的“热门专业”，大众学科泛滥，特色专业不“特”，优势专业不“优”，造成各院校专业设置高度趋同，缺乏复合型、交叉性、前沿性的专业人才，“专业看似热，就业实则冷”的一冷一热现象屡见不鲜，究其原因还是未与大湾区船舶工业、新材料加工、新能源技术、智能制造类、电气设备维护等产业形成有机衔接，未充分对接广西重点发展的千亿元产业、战略性新兴产业，相关专业调整和优化工作滞后，导致专业设置结构性过剩和产业所需人才结构性短缺。

总之，当前国内外关于粤港澳大湾区的研究文献颇丰，这为粤港澳大湾区建设的进一步研究提供了丰富的理论基础及决策参考。相关研究呈现出如

[1] 毛艳华，荣健欣．粤港澳大湾区的战略定位与协同发展[J]．华南师范大学学报（社会科学版），2018(7)：104-109.

下特点：就研究广度来说，已经逐渐从经济领域向政治、社会、法律、文化领域拓展；就研究方法来看，已经不局限于理论研究、定性概念性分析，应用数理模型进行实证检验的成果开始出现；就研究内容来看，其线索单一，重点集中于湾区经济内涵、基本特征、形成机理、构建意义、基本条件，国际湾区经验与中国实践对比，湾区综合经济效果评价，以及打造大湾区的政策取向等方面。具体来说，当前并未有统一的对湾区经济的界定，对于粤港澳大湾区的范畴界定也存在分歧。而现有成果对于湾区经济的实质、基本特征和打造粤港澳大湾区的政治和经济意义的归纳大同小异。学者在分析湾区经济形成及探讨发展湾区经济策略时，或多或少地将国内的某一具体湾区与国际成熟湾区进行对比分析，发现存在的差距与优化方向。而关于粤港澳大湾区打造之法，学者主要提出协同战略制定、合作模式升级、基础设施健全、交通互联互通、资源环境保护、科技体系创新等方面的对策建议。

第二节　“三螺旋”范式的引入

三螺旋理论强调“大学—产业—政府”三方在创新过程中的相互作用与密切合作，强调三方应保持自己的独特身份，强调三个机构范畴中的每一个都应表现出另外两个机构的一些能力。从已有研究中可以发现，这些特征使得三螺旋理论已经可以成为多元主体协同创新的研究范式。不仅如此，三螺旋理论的提出是建立在广泛的实证基础上，如对麻省理工学院在新英格兰委员会中的作用的深入考察、硅谷地区的市政考察。因此，这种范式具有比其他协同创新研究模式更为整体性的视角，其考虑了内生的互动和协同机制，是国家创新系统理论和产学研合作等理论的升华。前人对于三螺旋理论的内涵、模式及计量应用的方面均有所建树，能为本研究提供一定的启发和借鉴作用。

一、“看得见的手”介入的必要性

1996 年 1 月，在荷兰阿姆斯特丹召开的一次由美国国家科学基金会、欧盟和荷兰教育文化与科学部等机构发起的专题讨论会，美国等西方工业化国家的代表提出为实施国家创新战略，今后应采用“三重螺旋”的运行模型来加强“学术界—产业界—政府”之间的合作，以促进整体协同发展。在世界各国创新过程中，学术界、产业界和政府所共同构建的三重螺旋正以不同的形式有效运行。科技工业园的共建、合作研究、联合申请专利、授权转让、联办新公司、经费资助等都是各方参与者密切合作的表现形式。

国家层面进行的顶层设计是社会发展的权威性保障和根本性支撑。本文认为，粤港澳大湾区的顶层制度框架应明确：粤港澳大湾区的构建与发展不仅是“粤港合作”与“粤澳合作”两部分内容的加总，而更应以大湾区作为整体，探索在大湾区的核心区乃至辐射发展区内，城市之间功能网络的完善与区域整体竞争力的提升等问题。由于大湾区跨越了行政边界，其多中心与多重行政的构成特征在某种程度上造成了区域内部竞争，增添了区域协调的难度；“一国两制”的实施中，中央政府在区域管治方面扮演了重要的协调作用。因此，构建大湾区需要先从顶层设计入手，通过中央政府设立大湾区跨境协商管治机制，为大湾区内多个城市的整合发展创造深度合作的环境。港澳回归后，经国务院批准，港、澳政府每年与广东省政府召开定期的联席会议，并在联席会议制度下设立了“联席会议联络办公室”，通过多个专责小组研究、跟进并落实粤港与粤澳的各专题合作项目。这种粤港合作与粤澳合作各成一体的发展模式，可以有针对性地解决粤港或粤澳两地之间在合作中所面临的问题，但在一定程度上却忽略了港澳之间的合作与联系，亦无形中在“粤港”与“粤澳”的区域内形成了增长极。在以往的合作中，珠三角的大城市所获得的关注远高于区域内的中小城市，这也导致区域内城市之间功能网络的构建未被强调。由中央政府牵头构建的粤港澳大湾区跨境协商管治机制，是由中央政府领导、粤港澳三地政府共同参与，具备制定合作规则、执行具体事务、提供监督与咨询等多种职能的组织机制。简而言之，由顶层设计构建的组织机制包揽了“定规则、管实务、听建议、监运作”等职能。其中，制定合作规则、执行具体事务的任务由三地职能部门派成员参与，而咨询监督职能则由三地专业性部门的官员、专家、企业家和群众代表组成，监督咨询职能不仅涉及监督制定合作规则，还涉及参与发布机构制定运行报告，以确保组织体系的透明度、公平度，从而强化顶层机制对湾区经济增长的推动作用。由广东省省长、港澳行政长官牵头的高层联席会议每年定期召开，这一会议将对大湾区的发展进行整体谋划。

与世界各国高校功能扩展的趋势一样，我国高校的功能也在不断扩展，由教学中心到教学和科研两个中心，再到教学、科研和社会服务三个中心。在推进产学研合作的过程中，我国高校从实际出发，结合所在地区的实际情况，形成了各种各样的产学研合作模式：（1）建立大学科技园，加强与所在地区合作，为地方经济发展作贡献；（2）成立科技开发部门，专门管理与企业的横向合作项目，积极为企业服务；（3）引入风险投资，对大学的科技成果进行孵化和再开发；（4）利用大的工程研究中心、重点实验室等科研基地，加强科技成果的推广辐射；（5）发展高校高新技术企业，对高校的技术成果进行集成；（6）建立“技术入股、联合攻关、成果共享、风险共担”的联合体，促进产学研从外在性合作转向内在性联合；（7）组建中国高校科技网，利用现代科技手段架设高校与企业之间合作的桥梁；等等。在我国众多的合作模式中，大学科技园的建立具有特别重要的意义，它使产学研合作更有活力。

总的说来，这十几年来我国产学研合作呈现出强劲的发展势头，主要表现出以下几个特点：（1）产学研合作已在全国普遍展开。目前全国几乎各省、直辖市、自治区都成立了产学研合作协调办公室，并编制了本地区的合作项目计划。此外，还有半数以上省、直辖市的一些企业与学校、科研院所建立了数百个联合研究开发机构，另有三分之一的省市在合作中建立了产学研股份制公司。（2）合作意识大大增强。大学和科研机构把面向经济建设主战场、开展产学研合作看作是历史赋予的重要使命，是密切与社会联系的重要窗口，是为社会服务的有效途径，合作的主动性进一步提高。（3）合作层次不断深入。从简单的技术转让向合作开发、委托开发、共同建立研究开发和产业化实体、组建股份制企业等方面转变。（4）合作规模不断扩大。从面向一个企业、一个行业到面向所有企业、所有行业。合作不仅在科技方面，还扩大到人才培训、职工再教育等方面。（5）合作由随意性、盲目性、被动性向按市场规律、依照法律原则办事转变，探索出很多有益的经验。

二、“三螺旋”范式：从双边互动到三边互动

三螺旋理论是指突破“大学—产业”双螺旋线性结构，创建“大学—产业—政府”三螺旋非线性网状创新模型。该理论描述了大学、企业、政府三方在知识商品化下的不同阶段、不同创新机构间的多重关系，即在创新过程中以经济发展的需求为纽带，在长期的正式和非正式的合作与交流中，密切合作、相互作用，形成三种力量相互交叉影响、螺旋上升的“三重螺旋”的新关系。该理论旨在加强“学术界—产业界—政府”之间的合作，促进整体协同创新。三螺旋理论作为近年迅速发展起来的一种创新理论，同时作为一种“产学研”合作理论，在促进区域经济发展、提高区域创新效率、推动

“产学研”协同创新等方面起着积极的作用。三螺旋的概念最早在生物学领域提出，美国遗传学家用它来阐述基因、生物体和环境三者之间的关系。20世纪90年代，美国社会学家亨利·埃茨科威兹首次用三螺旋概念解释知识经济时代中大学、产业、政府三者间的关系[1]。

基于词源学维度，“产”指产业、生产、产品等，“学”指大学和大学内部的教学、科研、学科等。“融创”是“融合”“创新”的合成简称。“产学融创”实质是通过“产”“学”多元需求的互动，不断“融合”和“创新”，形成一种产学合作的新模式。与“产学融创”相类似的概念有产学研协同创新、产教融合、产学融合等，三者有较大的关联性，同时也有一定的差异性。总的来说，“产学融创”与产学研协同创新和产教融合等概念相比既有一定的继承性，又有一定的创新性。与产学研协同创新相比，“产学融创”突出大学和产业在创新中的重要作用，同时更为重视二者的融合，是一种更高层次、更聚焦产业关键问题或共性技术的合作模式；与产学合作、产教融合相比，“产学融创”更为重视和突出创新的核心作用，是产教融合的升级版。

从三螺旋理论的定义可以看出，三螺旋理论的创新之处不仅在于对区域“产学研”理论的创新，而且还在于它对创新主体、合作模式、创新机制都进行了符合三螺旋发展规律的阐述。“大学—政府—产业”三个创新主体在合作模式和创新机制中相互交叠、渗透，即每一个主体在扮演原有的角色之外，还表现出其他主体的一些特征；主体在承担合作中自身工作的同时，也履行了一些其他主体在合作中的职能。这使得每个主体本身的功能和结构都得到了调整，总体呈现三螺旋上升的状态，而三螺旋的进化进一步驱动了整个区域“产学研”创新流的功能增强。在三螺旋理论模型中，三者的边界和界限逐渐被打破，取而代之的是越来越多的中介机构等第四螺旋的介入，使得三个创新主体的结合愈加紧密。三者之间不断交互作用，最终形成一种个体独立、相互支持、跨界发展的三螺旋协同创新结构。

随着产学研合作的愈加广泛和深入，传统“产学研”理论在理论基础、行为主体、合作模式和创新机制上愈来愈不适应知识经济社会及创新型国家的需求[2]，现今社会对区域创新和协同创新越来越重视。教育部提出的“高

[1] 亨利·埃茨科威兹．大学·产业·政府三元一体的创新战略［M］．周春彦，译．北京：东方出版社，2005.

[2] 张秀萍，迟景明，胡晓丽．基于三螺旋理论的创业型大学管理模式创新［J］．大学教育科学，2010，（5）：43-47.

等学校创新能力提升计划”（又称“2011 计划”），着重强调“产学研”协同创新。在如何提高区域创新效率、更好地发挥创新主体在区域创新环境下的协同作用方面，三螺旋理论在理论上和实践上都取得了重大突破。作为 20 世纪末兴起的理论，三螺旋理论已成为现代“产学研”理论的创新范式。

第二章 国内外湾区校企合作协同育人的样本分析

湾区经济是当今国际经济版图的突出亮点，具有高度开放、包容集聚、创新引领、宜居宜业等特点，是世界一流滨海城市的显著标志。2018 年 3 月 7 日，习近平总书记参加十三届全国人大一次会议广东代表团审议时强调，“要抓住建设粤港澳大湾区重大机遇，携手港澳加快推进相关工作，打造国际一流湾区和世界级城市群”。这为中国打造湾区经济提供了思路，指明了方向。与世界其他主要湾区相比，粤港澳大湾区已初具世界级湾区规模，具备综合实力强、开放程度高、经济活力旺盛等优势，被视作继纽约湾、旧金山湾、东京湾之后的第四个全球发展增长极。打造粤港澳大湾区，要将粤港澳三地经济领域的合作进一步拓展至政治、社会、法律等多个领域。因此，粤港澳大湾区的重点合作和未来发展路径包括推进基础设施互联互通、进一步提升市场一体化水平、打造国际科技创新中心、构建协同发展的现代产业体系、共建宜居宜业宜游的优质生活圈、培育国际合作新优势、支持重大合作平台建设等多个方面。粤港澳地区的开放程度和发展前景整体表现良好，但由于粤港澳大湾区存在“一个国家、两种制度、三个关税区、四个核心城市”的特殊情况，粤港澳大湾区在法律法规、医疗养老、就业就学等问题上仍需要更多创新思路与合作机制。

第一节 国外校企合作协同育人的经验

一、美国纽约湾区和旧金山湾区“合作教育”社区化模式

美国作为世界头号经济强国，为保持其在高新技术产业、金融与银行

等行业绝对的领先优势，美国职业教育将 MES（Manufacturing Execution System，制造执行系统）、CBE（Computer Based Education，计算机辅助教育）与产业结构进行对接提出了“生涯与技术教育”（Careerand Technical Education，简称 CTE）的概念，将职业教育界定为“为青年和成人的就业和继续终身学习做准备的教育系统”。基于职业教育 CTE 目标的导航，“具有大众性、地区性和职业性特色的社区学院，以其灵活多样的办学形式、与实际紧密结合的课程设计及物美价廉的教学效果，在美国高等教育结构中确立了自己的地位”，因此，美国社区学院作为一种特色职业教育模式为人们稳定地提供了接受终身教育和工作岗位所需要知识、技能的教育和培训。

（一）美国高等教育合作的思想基础

在 19 世纪的欧美大学中，占据统治地位的是以主智主义教育思想为标志的传统教育学派。在其思想指导下，高等教育封闭在校园围墙内、游离于社会之外，它不关注社会的要求，独立性很强。到了 20 世纪，经济和科学技术的发展不仅使欧美国家的社会生活发生了很大变化，而且对高等教育提出了新的要求，于是，传统高等教育的主要弊端便明显地暴露出来，如缺乏主动适应经济和社会发展需要的自我调节能力、缺少活力、效益不高等。在这种情况下，教育思想家们兴起了一场大规模的进步教育运动，并促发了诸多崭新的教育思想，由美国哲学家和教育家约翰·杜威创立的实用主义教育思想便于此时产生。实用主义教育思想对 20 世纪世界高等教育产生了深远的影响，是引导产学合作教育产生的重要思想基础。

美国社区学院之所以能成为美国职业教育的重要支撑，关键是实现了与 CTE 目标在两个维度上的精准对接：一是美国社区学院能够精准跟进 CTE 的目标变化。随着美国经济结构的变化与调整，职业教育 CTE 目标日渐表现出多元化走向，如提供岗前技能培训、在职技能培训、在职学术技能培训等，社区学院能够敏锐捕捉 CTE 目标需求，精准跟进变化，能够灵活地、动态地进行课程开发与调整；二是美国社区学院能够精准对接 CTE 的社会服务功能。为了力求 CTE 社会功能的充分发挥，美国社区学院一方面提供了教育方案、组织教学、终身学习机会、社区就业服务、劳动力（再）培训等全方位的社会服务，另一方面采用开放式的招生政策并提供多样性的课程，为社区所有需要的人提供平等的学习机会，满足社区学习者终身学习的需要。

（二）美国旧金山湾区“合作教育”社区化模式

1. 美国旧金山湾区“合作教育”概况

旧金山是美国加利福尼亚州太平洋沿岸港口城市，从演进历程上看，因港而兴的旧金山湾区经历了三次重要的转型，其演进过程大致可以分为淘金期、后淘金期与后工业化时代三个阶段。淘金期大致在19世纪后半期，它以淘金热为契机为淘金提供设备，从而发展成为湾区制造业中心，并发展起了金融业。在后淘金期，随着制造业的逐步衰退，金融业逐步成为主导，投资者对发展金融业的信心促进其金融业快速发展。在后工业化阶段，经过“矿业城市”“铁路城市”两次城市化高潮，旧金山湾区的城市结构逐步形成，在全球优质人才、资本、技术等诸多要素的高度聚合下，旧金山湾区的创新经济快速成长，并逐步成为引领全球湾区经济发展的重要标杆。

旧金山湾区由美国西海岸加利福尼亚州北部的7个郡组成，按地理区域主要划分为三大区域：旧金山区域、南湾区域与东湾区域。其高等教育机构多样，主要包括六类：学士学位大学，以提供博雅教育为主；综合型大学，以知识传递、研究、再创造与人才培训为目标；研究型大学，以研究与教授文化课程为主；社区学院，以职业教育为主，满足更广泛的学习需求；专业型机构，几乎以职业为导向；营利型机构，其虽然还未得到政府的充分认可，但近年来的增长速度极快。旧金山湾区每个区域都有自己特有的一流高校与高水平高校，是多中心互补式大学集群发展模式[1]，旧金山区域以加州大学旧金山分校为轴心，南湾区域是极具影响力的研究型大学斯坦福大学的所在地，东湾区域有着加州大学系统中最大、最负盛名的加州大学伯克利分校。

在旧金山湾区内，高等教育系统逐渐运作有序，产学研联系日益密切，相对集中的研究型大学和科研机构极大地推动了湾区的知识生产、技术商业化和创新扩散，为湾区发展作出了极大贡献，形成了“大学—企业—风险投资—政府”完善的高等教育创新生态圈。在整个湾区内，各郡之间的地理位置和实力不同，其高校、企业构成与所需人才类型也各不相同。比如，旧金山区域已经发展成为生物技术产业的重要枢纽，是基因泰克和奇隆等公司的集合地，也是许多社交媒体公司，包括推特、点评网及公对公客户关系管理

[1] 欧小军．世界一流大湾区高水平大学集群发展研究——以纽约、旧金山、东京三大湾区为例［J］．四川理工学院学报（社会科学版），2018，33(3)：83-100.

系统等商业巨头的所在地。南湾区域是硅谷经济的发源地，也是硅谷经济的中心，很多具有影响力的公司坐落在这里，如惠普、苹果、谷歌和雅虎、罗沙迪律师事务所和克莱恩那·帕尔金斯投资公司。高新技术在推动南部海湾经济发展上具有重要作用，在东湾区域主要发展生物技术，同时提供交通运输和港口的便利服务，其工业基础倾向于制造业，包括太阳能制造公司索林佐公司和电子公司罗技科技。

旧金山湾区得到大力发展的原因主要有以下四点：知识基础雄厚，创业资金扎实，具备创新精神的高科技中小企业的参与，以及良好的自然、生态、社会和文化环境依托。根据中国驻旧金山商务总领事馆对旧金山湾区资本市场的调查，发现当地风险投资公司的投资方向主要为信息、通信、生命科学、医疗、环保等高科技领域，少数投入金融、制造和商业，而不投入房地产，这便是湾区技术产业得以勃兴并保持世界领先的重要条件。旧金山湾区遵循可持续发展的“3E”原则，建立公有公营城际轨道交通体系，专门组建湾区政府协会负责湾区建设。旧金山湾区得以繁荣发展的关键在于湾区中的三个中心城市分工体系鲜明，分别承担了不同的产业功能：旧金山主要发展金融与旅游业，奥克兰主要发展装备制造和港口业，圣何塞主要发展电子制造工业。此外，创新科技生态系统构建中政府与市场关系的成熟、科研机构及高端人才的聚集，也是其发展的重要因素。

2. 美国旧金山湾区“合作教育”社会模式基本经验

（1）加强高校间合作，发展宽口径高校

为满足受教育者的需求，在无法做到大量扩充公立大学的情况下，力图使公立大学平衡公众入学机会、高质量和“成本—效率”之间的关系，同时不牺牲其研究和服务使命，公立大学再采取多样措施，比如高度垂直合并化（与地区大学或社区大学结为联盟）等。斯坦福医学院与佛德喜尔社区学院开发的联合医疗项目就是一个很好的例子。它们就开发项目内容签订合同，该项目的学生支付佛德喜尔社区学院的学费后，将在佛德喜尔社区学院接受基础教育课程，而后在斯坦福大学接受医疗护理课程，并由斯坦福医学院员工授课，由此大学间形成高效联系。在湾区，高校试图采用普通的“使命模式”来打破“简仓模型”，切断传统单一直线型学术脉络，将资源用于服务更广泛的项目，项目之间也试图创造更平等的资源利用。

同时，20 世纪六七十年代，社区学院和营利型学院等宽口径高校数量不

断增长，为缓解湾区高等教育供需紧张的状况作出了积极贡献。旧金山湾区内社区学院的入学人数几乎是湾区所有其他类型大学的两倍。这些学院设计成为混合型机构，它们提供博雅教育课程使学生能够转入四年制大学，同时提供技术课程，在职业教育方面允许学生获得两年制课程和证书，以及在成人教育上提供再培训，同时也加强与四年制大学的对接，通过完善相应制度建立统一的课程编码系统，设立专门机构或人员来管理、协调转学事宜，如加州建立"协助网"，为社区学院学生提供大量有关转学到加州四年制大学的信息。相比之下，受新自由主义思想的影响，营利型学院在20世纪70年代开始进入增长时期。新自由主义肯定市场在满足社会需求上的角色，公司的管理者雇用先进的市场技术人员去调查潜在的市场，迅速开发课程来回应当地的需求，并且时常为潜在市场提供便利。这类新兴的学校，如凤凰城大学、德弗里大学和教育管理公司，在旧金山湾区开设了几所学院的分部。在教师自治观念或参与治理职能的传统中，营利型学院已经完全采用了以股东利益为中心的集中管理控制公司模式。绝大多数学校继续提供专业化的后期中等教育，为已经完成相对专业化学科学习的学生提供培训。在20世纪80年代，它们中的一些机构开始提供两年和四年的综合大学培训，并提供高级学位。到了21世纪初，从2000年的不到3%的学生学位授予率，到2010年增长了接近10%。由于它们的大部分学生都是全职或兼职人员，所以许多营利课程都是根据他们的需求进行调整的，并且许多课程都可在线提供。总的来说，这类宽口径高校是目前高等教育中发展最快、最灵活的部分。随着以快速变化的技术为特征的新兴产业的出现，在一般岗位上工作的雇员要么离开现在的工作岗位，要么重新回到大学去追求再教育和培训，而这类高校促使了更多群体能够接触到与湾区发展与时俱进的高等教育，为湾区社会经济发展作出贡献，也侧面达到了整合高等教育内外部发展的目的。

（2）加强与企业合作育人力度

在旧金山湾区，各类学校对学术项目及其训练与实际应用科目的重视程度不同，但越来越多的高等教育机构把精力集中在毕业生身上，引导他们有效地参与劳动市场，推动经济发展。针对联邦拨款减少的问题，各部门与机构不得不寻求新的资金来源或收入。到目前为止，新的资金来源主要是增加税收、学费及工业合作伙伴（企业）的支持。这三种资金的新来源都增加了大学的压力，即要求机构对"客户"的需求作出更快速的回应。学生和企业这两个出资方都越来越希望他们的大学能为他们提供更多的就业技能和商业机会，尤其是高科技行业领域。随着时间的推移，院校都在纷纷入驻企业，搭建类似的合作伙伴关系，并且在伯克利、旧金山及圣塔克鲁兹地区的加州大学各校区扮演着“中央企业”的角色。同时，在湾区更显而易见的是，终身教职工聘用率持续下降，非终身制教师即兼职教师持续上升。尤其在公立的四年制系统中，根据美国教育集成系统统计数据显示，1995—2010 年旧金山湾区内终身制教师数量保持相对稳定，但非终身制教师短短五年从 31018 人增加到了 38064 人，在两年或者四年营利型高校中，终身教职实际是不存在的，这些营利机构的教师往往来自定期聘用制，以满足不断变化的市场需求，为联系高校与企业起到了很好的桥梁作用。这些兼职教师大多来自企业，他们与学生分享最新软件、技术资料和专业知识。比起学术课程，兼职教师更擅长教应用型或职业型课程，于是相对于传统教育所提供的课程，兼职教师数量上的增加意味着在学位和课程设置上都更利于开发职业培训课程。一份来自圣马特奥社区学院区代表的报告显示，圣马特奥社区和南湾地区的许多学校都十分依赖谷歌、雅虎和惠普等科技公司所提供的人才培训。许多计算机科学和工程部门的项目审查也证实了这一点，这些部门积极地从这些公司和类似的公司招聘从业人员，来教授学生行业特有的技能，使学生在就业市场上具有竞争力。此外，专业团体能为学生提供培训机会，为高校提供更大的用人灵活性。

（3）加强高等教育内外部联系机制建设

大批联系机制建设致力于高等教育内外部间的整合。在公司和大学覆盖范围最广、可能也是最有效的机制是于 20 世纪 70 年代至 80 年代初开始兴起的咨询委员会。在这些委员会中，行业代表要定期与大学管理人员和教师会面，就课程和方案提供咨询和帮助。这些委员会大部分是与地方有合作关系的董事会，但是一些营利型大学也会召集全国商业咨询委员会，因为他们的课程计划在这个阶段是集中化的。事实上，许多专业学校的认证机构都将设立咨询委员会作为认证的一个条件，因此，这些委员会十分普遍，特别是在研究型大学和综合性大学的分支机构，它们的运作方式多种多样。在一些情况下，大学会直接寻求来自公司的资金支持，但更常见的是交换信息。具体来说，大学转向它们的咨询委员会寻求关于当前和预期的未来需求的信息，包括特殊技能和知识类型，以及新型课程和课程设置信息。最初，大学尝试去回应硅谷的需求，经常引入全新的课程，所引入的课程通常与新类型的硬件和软件技术有关。然而，当一门新课程被设置时，它的需求却已经过时了，特别是对于公立大学来说，这时一些灵活的大学所采用的折中方式是修改已经存在的课程，而不是增加新的课程。当前的课程可以修改为新的课程类型或新的实验室类型和练习方式，由于这些类型的更改不需要由学校中央管理员批准，所以克服了相对耗时的问题。

除了创建或服务于一个特定的大学咨询委员会之外，一些大学管理人员，包括校长和许多公司管理人员都参与了一个或多个区域研究或政策委员会。例如上文提到的湾区经济研究所或硅谷合资公司，这些咨询机构的成员为所有与会者提供了相互学习和解决问题的机会。另外一种方式是在大学里设置诸如职业中心这样的部门，将学生与未来的雇主联系起来。在最初几年，这些部门的人员配备齐全，为学生提供就业咨询、协助投递简历和进行面试培训等帮助。学校经常举办招聘会，并为公司和面试求职者提供空间，比如圣何塞州立大学工学院的职业中心一直非常活跃。然而，许多大学的预算削减已经大幅削弱了职业中心这种能力。于是除了与特定公司或大学的联系，许多大学还参加了一些网络组织，这些网络很多都是在区域级别上运作的。诸如领英在线求职服务已经越来越成为连接雇主和员工的首选途径，其他的网络还包括由 AB86 基金创建的成人区域规划工作，该基金为区域联盟提供资金，以制订教学计划，为成年人提供具有高就业率的基本技能和技术教育项目。

（4）发展学位制就读新模式，引入在线教育

由于旧金山湾区区域发展的波动性、现实性、多样性较强，这就导致很多高校包括社区学院和州立大学，已经开始采用间歇注册政策，这个政策允许学生中断课程并且不用再次申请，也可以继续原有的学习项目，而不是视这些学生为退学者或以临时方式处理，比如圣何塞州立大学。同时，很多学院开始接纳兼职学生，并且尝试接受学分的转换。一些学院已经和其他学院开发了转学协议，尤其是很多社区学院与四年制大学单独签订转学协议。另一个使大学课程可以被广泛利用的策略是扩展可利用的时间和空间。很多社区学院、州立大学和非营利型学院已经开设分校，他们为白天有工作或其他事情的学生引入了夜间课程。此外，一些研究型大学也在时间和空间上为学生提供最大便利的推广项目与在线教育。比如 1914 年加州大学伯克利分校率先提供“短期课程”这一类推广项目，而后许多大学竞相模仿，提供可以直接用于学位的证书而不是学分，教学范围远超湾区。根据其网站数据统计，估计每年招收 3.5 万名学生，分布在 1500 个班级。在旧金山湾区，斯

坦福大学工程学院处于远程教学实验的最前沿。在 21 世纪初，这些课程与互联网相连，一些课程对入学资格进行了限制，并且能够授予高级学位，而大多数课程都与专业证书相关。从斯坦福大学到圣何塞州立大学，再到佛德喜尔社区学院，都已采取措施将在线课程纳入其课程计划中，并使参加补习和进修的大量学生也能利用这些资源。虽然到目前为止这些措施和其他大学的相关策略都未成功改写传统的“大学教育”，大多数大学依旧照常规运作，但这代表一种未来趋势，因为这是满足更多人受教育需求的绝佳方式。远程教育在美国已经是一种“制度化”现象，不再是一种家庭作坊式教育。尤其是营利型学院，很快就接受了远程在线课程的新教学方式，这项新技术十分契合其生产模式，也成为其与优质大学之间资源整合不可或缺的手段之一。

同时，在湾区其学位认证机构也在很大程度上开始接受证书、认证及数字徽章的新评价方式，而非仅仅依赖学术机构所授予的学分或者学位（从依赖一种识别和记录教育成就的传统模式，到采用一种以行业协会和雇主团体所认可的能力信号的新方式）。由于它们的专一性和外部验证性，它们将会成为雇员用来强调其能力的方式，也会成为雇主在网络搜索雇员所看的首要信息。许多企业认识到，特定的技能是不能被这种与学位相联系的一般知识所替代的。最近，部分项目的发起是由边缘的高等教育机构推动的，例如商业学校，而主流学院正在提供范围更广的文凭，包括能识别特殊能力领域才能的证书和徽章。这一部分也反映了教育系统希望通过项目服务识别各种学生的成就。面对日益增长的责任压力，学院采取了发展性的措施，而不是学位终结制。

（三）美国纽约湾区“合作教育”社区化模式

纽约州积极推进融合教育发展，将其看作“对全体成员的教育”，主张教育机会均等——特殊学生应该与普通学生在本学区同一学校同一班级接受相同的公立教育。20 世纪 70 年代末期以来，纽约州多次修订关于地方校区和机构向特殊儿童提供服务的法律、规定及方针，使残疾儿童的权利得到更多保护。

1. 纽约州“合作教育”的运行机制

（1）层级分明、职责明晰的行政体制

纽约州严格执行联邦特殊教育政策法规，设置了层级分明、职责清晰的融合教育行政管理体制，以保障特殊教育事业的顺利运作。第一级行政组织是州政府，包括州议会、州教育厅和州教育委员会。州议会负责制定特殊教育政策；州教育厅负责制定中小学教学大纲、预算经费、提供特殊教育资金支持和制定融合教育教师资格标准并颁发证书；州教育委员会负责制定课程标准、审查中小学课本、审查特殊教育政策与专项资金及监督融合教育学校和管理部门。纽约州教育厅成立了特殊教育服务顾问小组和特殊教育家长中心，为学生及家长提供专业支持与服务。第二级行政组织是学区。各学区都设有特殊教育委员会，拥有特殊教育教师、心理医生、物理治疗师和语言治疗师等专业人员，为各学校开展融合教育提供专业支持。

（2）普校为主、满足差异需求的安置方式

纽约州依照特殊学生的状态和需求发展了多种安置形态。“服务形式”中的普通学校是指特殊学生在公立学校和普通学生一起学习和活动，纽约州90% 以上的特殊学生在公立学校接受融合教育。学区内公立特教学校是纽约市各学区教育部门专门为有脑瘫、暴力和自伤倾向的学生开办的。纽约市以外的部分学区，因特殊学生较少，不能在家庭学区、邻近地区入学，州政府创建了合作教育项目，为学区之间的特殊学生提供教学服务。推行融合教育后，大部分学生选择接受普通教育，严重身心障碍的学生会进入特教学校寻求更高层次的服务。

（3）有效融合、追求质量的课程体系

以融合为导向，不断提高特殊学生参与普通课程的教育质量，是美国特殊教育改革的重要举措。2010 年美国颁布了首部全国统一课程标准《共同核心州立标准》，2013 年纽约州开始全面实施。为确保特殊学生高质量融入课程学习，纽约州设立了从幼儿园、小学、初中到高中的部分特殊教育课程，提出创建基于普通教育课程的标准本位个别化教学计划，强调普教教师与特教教师共同负责特殊学生的学业成绩，采用多元化学业评估体系，保证特殊学生享受更高质量的普通教育。

（4）较高起点、双重能力的师资队伍

近 10 年来，纽约州主要推行“双证式”融合教育教师职前培养项目，即参加该项目的学生毕业后可获得普教教师和特教教师双重从业资格。获得特教教师资格证书除了需通过大学学历、学科专业认证，还必须通过州政府的特教教师资格考试。特教教师任职资格标准对教师融合教育素养提出要求，如促进特殊儿童的学校融合及社区融合、培养合作教学能力、强化大学实习期间到融合班级和特教学校进行教学实践等。

2. 纽约州“合作教育”的特色

（1）教育理念

1997 年修订《障碍者教育法》，该教育法表明美国融合教育开始提倡通过调整教学内容、方法、理念与排除环境中的障碍，让所有学生都能拥有公平与参与式的学习经历，在学校得到学习所必需的资源和支持。纽约州每年举办“尊重所有人”活动周，提供系列课程资源，在学校、家庭和社区大力宣传。纽约市还颁布了《全市学生干预和纪律准则及学生权利与责任》法案，旨在提供平等教育机会，营造对特殊儿童及融合教育充满支持的环境。

（2）安置形式

纽约州为特殊学生提供五类教育安置模式：普通班、特教班、特教学校、寄宿制机构、地区健康学校。纽约市共有 1800 多所公立学校开展融合教育，有的学校特殊学生占总体学生的 1/4。纽约 PS255 小学共有学生 970 人，其中有 150 个特殊学生，有 3 个特教班，生师比 12∶1∶1，即 1 位特殊教育教师和 1 位助教共同负责 12 个特殊学生；每个年级都有融合班级，每班班额最多 32 人，其中最多一班有 12 个特殊学生，普教教师和特教教师共同负责，采用小组协作教学，先集体授课，然后分层教学，使用不同教材为特殊学生提供丰富的学习体验。

（3）家长参与

美国特殊教育立法非常重视家校合作。1990 年的《障碍者教育法》规定：“对孩子进行评估必须获得家长同意，在整个评估过程中需要家长参与或进行监督。”2004 年《残疾人教育促进法》细化了家长参与的权利与义务规定，对个别化家庭服务计划进行修订及完善。纽约州在推动融合教育发展过程中，无论是政策法规的制定还是具体实施，都十分强调家庭、学校及社区的多方协作，家长不但参与学校的决策、管理及督查工作，还享有参与儿童的鉴定评估、课程内容及个别化教育计划制订等权利。

（4）支持体系

“让纽约州公立学校成为所有学生的安全和充满支援的环境。”这是纽约州教育厅倡导的教育理念。根据相关法案，美国联邦和纽约州、市政府分别提供 10%、50% 和 40% 的专项资金全力支持融合教育；创建无障碍教学环境，便于肢体或感官障碍者在校园自主行动；根据《共同核心州立标准》，

重视普教教师与特教教师的合作教学，制订标准本位个别化教学计划，构建多元化学业评估体系，保证特殊学生平等参与普通课程学习并达到统一的课程标准。在组织和管理方面，纽约州、市和学区组织，以及代表特殊儿童利益的由家长、教育专家、心理学家、教师等组成的特殊教育委员会、特殊教育家长中心和各种民间组织、基金会，形成强大的行政和专业保障系统，为融合教育提供支持，保障教育教学质量。

纽约湾区的成功主要在于制定并实施城市创新发展战略，发挥政府和市场双重作用推动产业转型，重视基础设施及产业联结，注重人才培养；存在的问题主要是地方政府机构重叠且权利分割严重，民众贫富差距悬殊。未来，成熟湾区将依靠第三产业的绝对比重和金融保险业的强力支撑，且通过将研究机构行政权力放宽来促进产学研协作平台及科研成果的转化。此外，还特别强调湾区环境的重要性，即纽约湾区自然环境保护被纳入规划和开发建设原则中。

二、英国“现代学徒制”培养模式

20 世纪 70 年代末以后，石油危机引发的经济衰退使得英国政府开始认识到职业教育对于经济发展的巨大作用，并对职业教育进行了持续改革，致力于探索适合本国国情的职业教育新模式，现代学徒制成为职业教育改革的核心。1993 年，英国政府开始推行现代学徒制，宣称“要让学徒制学习成为 16 岁以上青年的主流选择”。英国现代学徒制实施已 20 年有余，呈现出良好的发展态势。

（一）英国“现代学徒制”的发展历程

英国现代学徒制从传统学徒制演变而来。1563 年，英国颁布了《工匠学徒法》，对学徒资格、学徒年龄、学习年限及师傅资质要求作出规定，这是英国第一次以法律的形式规范学徒制的发展，传统学徒制在之后的 200 年间逐步发展壮大。第一次工业革命使生产方式发生了根本性转变，大规模机器生产取代了个体手工作坊式生产，熟练工人的需求量大大下降，传统学徒培养模式无法适应当时社会的生产要求，逐渐被学校职业教育所替代。在两次工业革命的冲击下，传统学徒制湮没在资本主义工业化的浪潮中。然而，单一的学校职业教育过于重视理论教学，无法与工作岗位实践训练很好地融合，难以满足社会生产对技术人才的需求。职业教育发展究竟向何处去？在此情况下，学徒制又重新进入英国政府的视野，基于新的时代要求，将传统学徒制与学校职业教育模式相结合，实现了学徒制的华丽转身——现代学徒制建立。

1. 现代学徒制的建立

20 世纪 90 年代，面对社会生产力不断下降、失业率攀升等问题，结合德国、芬兰、瑞士等国职业教育推动经济发展的成功经验，英国政府开始反思并寻求出路，将问题的源头指向了本国职业教育发展的缺失：社会对职业教育重视程度不足，相关培训机构较少；学生、家长对职业教育存在认识误区，接受职业教育的积极性不高；学校职业教育长期脱离企业实践，毕业生难以满足社会需求；等等。鉴于此，英国政府于 1991 年发布了《21 世纪教育与培训》白皮书，要求着力解决职业教育培养人才的问题，让更多 16～19 岁的青年能够接受高质量的职业教育。为了提高青少年获取职业资格证书及学历证书的比例，增加中间层次技术工人的人数，英国政府开始大力推行现代学徒制。1993 年 11 月，英国政府宣布实施现代学徒制，1994 年 10 月，全国 14 个试点行业部门首先进行了学徒制的改革，1995 年在全国 54 个行业全面展开。

2. 现代学徒制的发展

1997 年至今，英国现代学徒制不断发展并走向成熟。首先，政府高度支持，设立专门机构。1998 年，英国设立了监测工厂企业学徒制执行情况的专门机构，2007 年，这项职责由英国教育标准办公室承担。其次，扩大培训规模。1999 年，提供现代学徒制培训的行业部门迅速扩展，达到 83 个。最后，对现代学徒制进行资助扶持。2000 年起，政府与企业委员会向现代学徒制提供资金支持。学徒制培训内容也日臻完善：其一，2003 年理论知识首次引入现代学徒制，在强调实践技能培训的基础上明确了对学徒理论知识的要求（包括离岗培训）；其二，2005 年学习与技能委员会发布了《学徒制蓝图》报告，确定了学徒制的培训框架，指导了学徒制的开展[1]。

3. 现代学徒制的完善

近年来，英国政府加强政策引导，改革成效显著，现代学徒制发展较为完善。首先，法律体系逐步健全。早在 1964 年，英国就制定了《产业培

[1] 沈陆娟 . 英国学徒制的新进展和策略分析 [J]. 中国职业技术教育，2011（10）：71-74.

训法》，成为包括学徒制在内的多种培训的法律依据。进入21世纪，国家制定了多部关于学徒制的专门法律，比如2008年的《学徒制草案》及2009年的《学徒制、技能、儿童与学习法案》，以法律的形式保障了现代学徒制的地位。其次，国家成立了相关机构以促进现代学徒制的普及和推广。2009年4月，英国国家学徒制服务中心正式成立，该机构是英国国家性质的学徒制管理机构，它利用网络为用人单位、学生、培训机构提供信息，这对于推动现代学徒制的发展具有里程碑式意义。最后，形成了完善的组织管理体系。英国现代学徒制的组织管理涉及众多机构，不同部门、机构各司其职。学习与技能委员会、行业技能开发署与行业技能委员会及资格与课程署分工负责各学徒制项目的开发与管理；各学习与技能地方委员会及颁证机构在各地方具体管理学徒制的实施；培训机构与雇主共同承担学徒制的教学。

（二）英国“现代学徒制”的优势

英国推行现代学徒制20多年，目前基本改变了传统上职业教育被忽视的情况，实现了职业教育的跨越发展。总结起来，英国现代学徒制的优势主要体现在以下几方面：

1.纵向比较：相较于传统学徒制的“现代性”

学徒制作为一种在生产过程中以口传身授为主要形式的技能传授方式，是手工业生产条件下职业教育的一种主要形态，其发展史可以追溯到13世纪前后。作为早期职业教育雏形的学徒制，以技能教育为中心，通过行业中技术成熟、经验丰富的师父手把手地将技术传授给徒弟，产教结合，实现对技艺的传承和持续发展。区别于传统学徒制，英国现代学徒制的“现代性”主要体现在以下三方面。

（1）功能目的现代性

传统学徒制的功能目的偏重生产性，是维系、扩张家庭生产、行会控制生产、工厂压榨廉价劳动力的主要方式，学徒的学习成效并未被置于最核心的地位；而现代学徒制的功能目的是教育性的，在经济考虑的背后，以高效培养技能型人才为目的，学徒不再被视为业主或企业的私有物，而是国家公共的人力资源，英国政府旨在通过发展现代学徒制为经济发展源源不断地输送人才。

（2）实施管理现代性

传统学徒制是行会制度的产物，无论是具体实施、教学指导，还是师徒关系、监督管理，都受到行会的控制，国家对学徒制的干预较弱；现代学徒制则实现了国家层面的统一规范和管理，英国现代学徒制得到国家的高度重视，从政府层面大力推广，制定了多部针对学徒制的法律，不断完善法律体系，成立专门机构，提高管理的实效性。

（3）教学方式的现代性

传统学徒制的教学主要靠师父对徒弟的技艺传授，徒弟一方面是师父的学生，另一方面是师父的帮工，学习的同时还必须完成生产任务，教学没有规范的模式和程序，随意性较大；而英国现代学徒制融合了师徒传授与正规职业教育的形式，学徒的身份是学院或培训机构的学生和企业的学徒，有着严格规范的教学程序和内容，在课程教学和企业培训方面，英国不仅实行全国统一的现代学徒制课程框架，还对行业的培训标准作出严格规定，以保证学徒培养的质量。

2. 横向比较：相较于其他先进职业教育模式的“系统性”

相较于学科本位的学校职业教育模式、日本企业职业教育模式、澳大利亚 TAFE 学院办学模式等目前世界范围内先进的职业教育模式，英国现代学徒制的“系统性”优势主要表现在以下几个方面。

（1）主体参与的系统性

与其他职业教育模式相比，英国现代学徒制涉及众多参与方，包括政府、行业、企业、雇主、培训机构、学徒和家长等，这些参与主体彼此协调，形成一个完整的利益相关者系统。其中，培训机构和雇主承担了学徒的培养任务，学徒及监护人与企业之间订立合同，明确各方权益及学徒在岗培养的具体岗位、教学内容等，各参与主体之间相互监督。

（2）运作模式的系统性

英国现代学徒制的运作模式可以简单地概括为“合作培养，工学一体”：合作培养即培训机构与雇主合作开展学徒培训，学院或培训机构主要负责理论教学，雇主承担学徒的实践技能培训，其中雇主占据主导地位，根据行业、企业所需培养高质量对口人才；工学一体是指学习、工作一体化，培养过程、从业过程一体化，学徒、学生身份一体化，理论教学、技能传授一体化，学生根据个人需求选择课程，在指定的企业里面一边学习一边工作，既获得职业资格等级证书又获得一定的报酬。

（3）人才培养系统性

英国现代学徒制在人才培养方面突破了单一的学术、技能要求，实现了对学生理论知识、实践技能、情感、态度、价值观等多方面的培养，将学习与就业在学生进入社会之前紧密地结合在一起，除了使学生掌握知识和技能外，更为关键的是培养学生形成正确的职业观念和就业态度。相对于学校职业教育忽视实践、理论教学与实践脱节、企业职业教育模式轻视理论、学生发展后劲不足的种种问题，英国现代学徒制有效地规避了这些缺陷，在学习者掌握理论知识的同时也能充分提高其实践技能，积累工作经验，养成良好的职业态度，实现高质量技能型人才的培养，因此它受到英国上下的一致认可。

（三）英国“现代学徒制”的挑战

1. 学徒人数增多，培训质量下降

尽管英国的学徒人数不断增长，但令人担忧的是学徒培训质量下降，难以满足经济发展的需求。2015 年 10 月，英国教育标准办公室发布《学徒制：为未来的成功发展技能》报告，揭示了现代学徒制发展存在的问题，集中反映了培训质量的下滑。比如，提到在英国最需要学徒制培训的领域，没有为青年提供足够的培训机会，使青年难以掌握先进的专业技能；在学徒人数激增的客户服务、零售、管理和护理等行业，学徒制的培养重点脱离雇主需要，课程设置并未从雇主所要求的知识和技能出发，经过培训的学徒还是无法很好地适应工作岗位[1]。造成这些问题的原因，一方面在于培训提供者单方面追求学徒数量，不以学徒的技能需求为基础；另一方面则是政府在资助时，将学徒培训规模置于考核的首要因素，各行业雇主得到的培训补助金各异（零售业的学徒补助金最低，工程行业的最高），最终导致各行业发展不均衡。现代学徒制的规模扩大一定程度上是以牺牲培训质量为代价的，如果继续下去而不加以改进，将势必影响现代学徒制的长远发展。

2. 现代学徒制参与方众多，利益不均衡使培训效率受限

英国现代学徒制涉及的相关利益者众多，各方的利益诉求不尽一致，寻求平衡成为难以完成的任务。首先是雇主与学徒的关系，现有培训模式以雇主为主导，在增加企业培训灵活性的同时，对学徒的兴趣和发展有一定程度

[1] Too Many Apprenticeships not Meeting the Needs of Young People, Employersor the Economy. [EB/OL] .https: //www.gov.uk/government/news/too-many-apprenticeships-notmeeting-the-needs-of-young-people-employers-or-theeconomy.2015-10-22

的忽视，弱化了学徒的利益，影响了学徒学习的积极性和培训效果。其次是雇主和培训机构的关系。培训机构直接承担教学任务，先与各地方学习技能委员会签订合同，后再同雇主签订培训协议。在学徒和雇主关系的确立中，培训机构起到桥梁作用，雇主与学徒之间的培训合同必须通过培训机构来达成。作为学徒和雇主的中介方，培训机构的出现意味着培训过程中出现了另一个“利益相关者”，尽管是为雇主和学徒搭建桥梁，但这会使政府资金分配的透明性有所下降，培训制度的市场化机制又会进一步刺激这些培训机构，增加与雇主协调关系的难度。

3. 学徒参与方之间信息不对称，弱势群体获取信息能力较差

调查显示，年轻人被问及关于参与学徒制的最大障碍时，他们最常提的问题之一就是信息掌握不够[1]。信息的不对称使这些青年难以找到理想的学徒岗位，这个问题在少数族裔群体中更为显著。首先，少数族裔父母对这种工作本位学习模式知之甚少，孩子很难从父母身上对学徒制有所了解并得到父母的支持。其次，社区组织中关于学徒制的普及和推广有限，并且没有考虑少数族裔语言和文化的劣势，少数族裔因为了解不够而产生抵触心理，这也是学徒制无法很好吸引这些年轻人的原因之一。最后，学校缺乏为适龄年轻人提供足够信息和指导的有效途径，作为除家庭和社区之外最大的信息来源，学校在克服学生形成的性别、种族意识和职业理念刻板印象方面发挥着重要作用，因此这会很大程度上影响学生信息的获取。

4. 政府资助分配不平衡，中小型企业参与积极性不高

在竞争激烈的市场经济中，以营利为目的的企业决定是否开展现代学徒制最直接、最核心的因素是经济利益，几年的学徒培训费用，尤其对于中小型企业来说是一笔不小的开支。鉴于此，英国政府采取了很多激励措施，以使企业参与现代学徒制的成本与收益大体相当，最为突出的就是进行经费资助。然而，英国是根据学徒制培训的最终结果提供相应培训补助的，如上文所述，政府采用实用主义的资助刺激手段，实行定量配给制度，过分强调培训的数量与规模，也就是说企业规模的大小很大程度上影响了其提供培训的能力，因此这样的分配机制显然无法让中小型企业雇主满意，这类企业雇主的参与热情也就大打折扣。

[1] ResearchtoShapeCriticalMassPilotstoAddressUnder-RepresentationinApprenticeships [R] .UniversityofSussexCampus. Brighton. 2016-06-06.

三、德国“双元制”职教模式

（一）德国“双元制”职教模式的特点

德国的教育体系分为基础教育、职业教育、高等教育和继续教育四个基本阶段或层次，其中义务教育有 12 年。学生大多从 6 岁开始上小学，从四年级以后，教师根据每个学生的成绩和爱好进行分流：一部分学生进入文理混合中学就读 8 年，这一部分学生主要是智力好、文理知识强的学生；一部分学生进入实科中学就读 6 年，这一部分学生主要是文理知识一般，但有某些特长或爱好的学生；另一部分学生进入主体中学就读 5 年，这一部分学生主要是动手能力较强的学生。文理混合中学的学生学的知识相对较深、较多，毕业后可以直接报考综合大学。实科中学和主体中学的学生也可以通过专门考试转入文理中学，但比例较少，大部分是进入“双元制”职业学校或全日制职业学校。高等教育则有高等职业学院、应用型技术大学和综合大学三类。最后就是接受终身教育的继续教育，包括在职提高培训和转岗培训等。据统计，德国近些年每年参加职业培训的人数约 240 万，而大学毕业生约 25 万。从上可以看出，德国的教育体系非常突出职业教育的地位。

德国的“双元制”职业教育和国内目前比较流行的“工学结合”和“校企合作”等办学模式还是有一定差异的。“双元制”是以企业为主、学校与企业分工协作，以实践为主、理论与实践紧密结合的职业教育模式。其实质在于办学体制是以企业为主的双主体形式，培训模式以职业能力为本位，运行机制以社会需求和市场为导向。

德国“双元制”职业教育模式之所以能在德国“繁荣昌盛”，其根源在于德国率先赋予了支持职业教育发展的充分法律空间和健全法律保障。德国联邦政府职业教育法制建设对“双元制”的健全保障体现在两个方面：一是立法工作跟进“双元制”的发展需求并持续完善；二是立法内容精准服务“双元制”运行需求并不断细化。纵览德国职业教育法制建设历史，基于“双元制”职业教育模式的世界领先地位保持和国内深度发展的双重考虑，早在 1969 年德国联邦就颁布了《职业教育法》，1981 年出台了《职业教育法》的配套法《职业教育促进法》，2004 年基于职业教育改革实践需要制定了《职业教育改革法》，2015 年根据该法规定又将 1969 年《职业教育法》和 1981 年《职业教育促进法》合并为新的《职业教育法》并颁布实施。横观德国职业教育法律具体内容，致力于“双元制”职业教育模式的合法地位和有序运行的双重保障，新《职业教育法》全方位解决了四个核心问题：一是解决了职业教育企业的法律规范问题。德国联邦规定：《职业教育法》由具有“跨域”能力的联邦政府立法，以便该法有权规范“双元制”中具有“跨域”特征的职业教育企业。二是解决了职业教育管理机构的管理权威问题。《职业教育法》规定：德国职业教育执法部门为德国联邦教育、研究部、德国联邦经济和劳动部，企业职业教育咨询机构为全国性行业协会的职业教育委员会。三是解决了职业教育实施机构的行动合法问题。《职业教育法》规定：只有经过职业教育主管机构即行业协会审核并认可予以职业教育办学资质或资格的企业才是合法的教育企业，方可开展职业教育。四是解决了职业教育研究机构的法律地位问题。

（二）德国“双元制”职教模式的体制机制

1. 德国“双元制”职业教育办学体制是多元化的体制

这种多元最直接的体现就是办学主体的多元化。

（1）政府、企业、行业组织等都参与办学过程

州政府不仅通过设立职业学校的方式参与职业教育办学，各州义教部部长联席会议还会颁布作为职业学校实施普通文化和专业课主要教学基础的“框架教学计划”。企业通过建立企业培训中心，接收学徒的方式参与办学。需要说明的是，并不是所有的企业都有资格参与办学，只有那些在人员、资格和设施条件等方面通过了相关行业协会资格认定的企业才能承担职业教育的办学任务。具体来说，在设施条件方面，企业必须符合以下两个条件：机构类型和设备适合开展职业培训；受训者数量与受训工位数量和企业的专业人员数量比例适当。在人员资格方面，具备法人资质的可以招收受训者；在具备法人资质的同时，具有“传授教育内容必需的职业及职业教育学、劳动教育学的技能、知识和能力者”可以对受训者实施教育培训[1]。行业组织则借助认定培训企业、组织考试、设置跨企业培训中心等途径参与办学。

（2）职业学校的举办者多元

在德国，职业学校既有公立的，也有私立的。虽然公立职业学校占据主导地位，但一段时间以来，私立职业学校持续增加，而公立职业学校则不断减少。

[1] 姜大源.《联邦职业教育法》译者序[J]. 中国职业技术教育，2012(10)：71-88.

2. 德国“双元制”职业教育办学体制是一种合作体制

德国“双元制”职业教育办学体制是多元的，但这种多元既是外在也是内在的。所谓外在多元是指职业教育机构举办主体，体现为职业学校举办者中既有政府也有私人部门。所谓内在多元是指在“双元制”职业教育活动的过程中，不同任务由不同主体负责。政府负责的是办学的整体安排。联邦政府颁布《职业教育条例》和《企业培训框架计划》等文件作为企业实施职业培训的基础。各州文教部部长联席会议则颁布作为职业学校实施普通文化课和专业课为主要教学基础的“框架教学计划”。各州则以《职业教育条例》和“框架教学计划”为依据，制订本州职业学校的教学计划。职业学校则根据“框架教学计划”和本州教学计划，负责职业教育中文化课和专业理论知识的教学。企业需要根据《职业教育条例》和《企业培训框架计划》等制订本企业的培训计划，实施实践课程教学，即开展职业技能及工艺知识培训。具体职责包括：与学徒签订《职业教育合同》；根据教育目的系统安排和实施职业培训；亲自或委托企业教师开展培训；组织学徒参加中期和结业考试；为期满合格者出具书面证书；在受训期间为学徒提供适当津贴；等等。行业协会不仅要协调企业和职业学校在教学安排上的冲突，而且要承担职业教育中期考试和结业考试的重任，以确保考试与教育和培训过程的相对独立。这种内在的多元性决定了各主体必须紧密协调，否则职业教育办学过程就不可能顺利开展。从这个角度讲，德国“双元制”职业教育办学体制是一种多元合作的体制。

（三）德国“双元制”职教模式成功的原因

1. 德国独特的文化传统——深层次促进作用

每一个民族或国家都通过教育使下一代将本民族或国家的价值观念、历史沿革、宗教习俗等文化形态深深植根于自己的心理和行为之中，从而构成每一个民族或国家特定的文化背景[1]。“双元制”职业教育的发展和双元制大学校企合作的成功，离不开德国文化传统对其产生的深层次促进作用。德国文化起源于古希腊文化，理性、思辨、务实、严谨、有责任感是德意志民族文化特质的体现。他们认为一切有系统的知识，包括自然科学、教育学、技术、工艺、操作训练等都应归于科学的问题进行探索与研究，这种不“鄙

[1] 朱晓斌．文化形态与职业教育——德国“双元制”职业教育模式的文化分析［J］．比较教育研究，1996，(06)：1-6.

视”技能的文化传统使得“双元制”职业教育成为一种固定的教育形态，使其日后的不断发展成为可能。德国人严谨、务实、富有责任感的文化传统使其为发展“双元制”职教模式倾注大量精力，从职业分析、招生入学、课程设置到技能培训，以及各行为主体间的运行机制在长期探索中逐渐得到规范化、科学化，并根据社会发展的现实需求不断得到升级调整，“双元制大学”就是在“双元制”职业教育的基础上，为解决社会人才短缺和断层问题而产生的。此外，“双元制”职业教育起源于欧洲中世纪的学徒制，即手工业行会中师父带徒弟的训练模式，各行业的师父具有极高的威望和社会地位，年轻人也愿意花费长时间拜师学艺，以期将来也能成为师父。因此“双元制”职业教育模式一直是德国人民认可的教育形式，拥有良好的大众文化基础。

2. 企业积极参与——决定性支柱作用

在“双元制大学”校企合作的培训中，学生每个月会有平均 1000 欧元（税前）的报酬及社保等福利，由企业支付，即使在学校上课期间报酬与社会福利也照发不误[1]。在培训期间，学生每三个月要到企业使用其设备实习，企业还要派技术专家为学生提供技能培训，并为大学提供一定的科研经费。德国人民对其拥有的资源现状有着深刻而清醒的认识，德意志联邦共和国国土狭小，属于自然资源相对匮乏的国家，在工业原料和能源方面主要依赖于进口。有限的资源使得德国不断调整其产业结构来促进经济发展。二战后，德国通过快速发展第二产业来推动国家的经济发展，特别是制造业成为德国经济复苏的主要拉动力。20 世纪 70 年代后，德国第三产业的比重超过了第二产业，但是第三产业的发展仍依附于第二产业。所以，不管是二战后德国经济复苏还是随着德国的经济发展，第三产业成为其主导产业，第二产业带动型的产业模式一直是德国的选择。因此，能够创造财富的具备熟练技术的人才对国家经济和企业的发展来说显得尤为重要。德国前总理科尔曾指出：在我们这样一个原料不足的国家，经济实力是以从业人员的技能为基础的，经过良好的职业培训具备熟练操作技能的应用型人才，是我国最大的资本，是我国经济稳定的保障[2]。具备教育资格的企业深刻认识到与大学合作

[1] 季靖，李玉珠. 德国“双元制大学”应用型人才培养模式特点及启示[J]. 职教论坛，2017，(22)：75-80.

[2] 刘来春. 从英德职业教育之比较看我国职业教育的取向 [J]. 比较教育研究，1993，(1)：22-24.

培养高级应用型技术人才对企业和国家未来的发展具有重要意义。

3. 明确定位的法律体系——强有力保障作用

德国“双元制大学”校企合作取得成功的一个重要原因，就是通过明确定位的立法体系来规范“双元制大学”校企合作中各利益相关主体的行为。德国高等教育事务归属各州管辖，在联邦立法框架内，州政府随着“双元制大学”发展的需要不断出台相关法律、法规。20 世纪 70 年代，双元制大学的前身职业学院应社会和经济发展的需求而诞生，解决了当时社会面临的人才短缺和断层问题。1982 年，巴登符腾堡州议会中《职业学院法》的通过标志着职业学院正式结束试验阶段，职业学院成为巴登符腾堡州第三级教育领域中位于大学、应用科学大学之后的第三个支柱，是一种本州法律规定的校企联合办学的新型高等学院[1]。1989 年，巴登符腾堡州的教育管理部门认定职业学院毕业证书与应用科技大学毕业证书等值。1995 年，文教部部长联席会议决定职业学院毕业生与应用科技大学毕业生享有同等待遇。修订后的《职业学院法》明确了与“双元制大学”协作的各相关机构的权责，设置州科学研究部负责管理“双元制大学”的相关事务。2008 年，州政府通过《巴登符腾堡州双元制大学建立法案》，以推动职业学院的改组。后来的《州高等教育法》规定了更名后的“双元制大学”需要与其合作企业共同开展科学研究。作为参与“双元制大学”校企合作的“另一元”企业，首先需要获得《联邦职业教育法》的资格认定，并且按照《联邦职业教育法》的规定与其选拔的学生签订入学合同，按照《职业教育条例》规定的相关内容对学生进行培训。不断完善的法律体系为“双元制大学”校企合作的发展奠定了基础。

四、日本“官产学”合作模式

（一）日本“官产学”合作的模式

1. 官产学合作的模式

日本的“官产学”合作模式是指在国家政府和地方政府的主导下，以高校、研究开发机构、企业为主体，多方共同进行人才培养、科技研发，共办

[1] 季靖，李玉珠. 德国“双元制大学”应用型人才培养模式特点及启示[J]. 职教论坛，2017，(22)：75-80.

产业的校企高度融合模式。“官产学”合作主要包括三个方面，一是政府通过立法和财政资助手段直接干预校企合作，为校企合作奠定基础；二是企业和研发机构为支持学生实习和人才培养提供条件；三是大企业、小企业、学校、研发机构之间建立了开放性的沟通交流网络。

共同研究是指高校研究人员和实务界研究人员共同就研究课题进行平等的合作、研究及开发活动，其实施主体是企业，以企业为主体的实施项目占80%以上。共同研究的人员主要以企业为主，研究人员的费用分别由各合作单位负担。合作研究的成果由双方共同享有。普通型和分担型是共同研究的两种主要形式，普通型共同研究指研究人员共同在大学里进行技术研发；分担型共同研究指分别在高校和企业就同一课题内容利用各自的设施开展研发。

2. 政府等部门委托高校等的研究模式

委托研究是指政府部门和公益性机构等委托高校和科研院所实施的研究活动。项目所需研究经费由委托者负担，委托者只出经费，并不派出研究人员。高校接受来自民间企业、地方公共团体和协会等委托的课题项目。双方就研究范围、期限、经费、专利和版权所有、保密责任等签订合同。研究者用委托者的经费进行研究，其成果也属于委托者。1958年，日本文部省应产业界的要求设立了委托研究制度，规定高校可接受企业的委托进行某课题的研究，委托费由企业负担，研究成果由企业或其指定者优先使用。日本的高校也鼓励其教员以外部的资金接受外部的专项委托，开展各种应用研究。1995年，日本文部省等政府机关还推出了“促进特殊法人等部门有效利用政府资金开展基础研究的制度”，以此来鼓励和推动国立大学接受委托研究。

3. 接纳受托研究员模式

企业为了提高其技术研究人员的业务水平，需要不断对其进行培训和教育。为此，就需要加强与大学之间的合作。大学尤其理工类大学开始接纳民间企业选派的研究人员或技术人员，对他们进行研究生水平的教育与指导，代培费由委托企业承担。这种模式可便利企业尽快开展创造性研究开发，增强其研究开发的后劲。代培期限原则为1年，有的带研究课题，有的不带研究课题。

4. 合作研究中心模式

为促进科研院所与企业开展共同研究，自1987年起，日本文部省首先在国立大学设立“合作研究中心”，配备大型的研究设备和充分的研究资料，为产学合作提供固定的场所和必要的研究条件。合作研究中心除了进行一些重要的合作研究和委托开发项目外，还对企业研究开发等事宜进行技术咨询和培训等服务。如东京大学设立的“国际产学共同研究中心”，在文部省的指导和协助下先后与东京工业大学、大阪大学、广岛大学、日本电气公司、索尼公司、东芝公司、日本电信电话公司、日立公司、松下公司、三菱电机公司及富士通研究所等建立了共同研究合作关系，此外，还与瑞典和英国的剑桥大学、格拉斯哥大学、诺丁汉大学建立了国际交流合作关系，共同开展电子学方面的尖端科学研究。

5. 科技城和高新技术园模式

为了产生集群效应，日本政府出资在全国建立了筑波大学科学城、关西科学城、横滨市高新技术园地、九州7县的高新技术园等合作研究的场地。筑波大学的高技术科学城占地2700公顷，集聚了日本49家国家试验研究机构、教育机构和250多家民间研究机构。在这里工作的研究人员约占日本研究人员总数的1/4。科学城和高新技术园的设立既培养和积聚了大批新的科技人才，又促进了大学教学模式的变革，而且最主要的是集约、规模、快速地促进了新技术、新产业和新产品的研发。

（二）日本“官产学”合作的特点

总结日本产学研合作发展的有关情况，主要有三个突出特点：一是政府通过制定政策法规、建立制度、组织协调等大力支持产学研活动；二是以企业为主体，产学研合作的目标和组织紧密围绕企业的需求；三是充分发挥了经济团体、行业协会等民间组织的作用。

1. 政府的大力推动

日本产学研合作一直得到政府的大力支持，早在20世纪50年代，日本就重视产学研合作。20世纪70年代以前，日本产学研合作主要有两个特点：第一个特点是产学研合作大多由半官方性质的行业组织所推动。第二个特点是产学研合作主要用于培育产业人才。20世纪80年代以后，由于经济全球化的竞争环境发生变化，日本产学研合作模式与传统模式相比已发生很大变化，主要表现在产学研合作的主体地位和目的变得更加清晰，更加具备现代产学研合作的基本特征，政府的推动作用在产学研合作关系的产生和发展中至关重要。日本政府在 20 世纪 90 年代后进一步加大了对产学研合作的推动力度。如 1996 年出台的《科学技术基本计划》等，极大地推动了产学研的合作，使产学研的合作效率、效果得到了极大的提高。

2. 以企业为主，以共同研究和委托研究为产学研联盟的主要形式

产学研共同研究在 20 世纪 80 年代基本以企业为主体，企业承担的研究项目占到 90% 以上。20 世纪 90 年代后，企业比例下降至 80%。委托研究项目在 1995 年以后没有太大的变化，企业承担项目约占 20% 左右。2006 年，当时的文部科学省对这两项研究近 20 年的状况进行了全面调查，调查报告的结论是：20 多年的实践表明，这项产学研合作制度对推动产业技术发展起到了很大作用，已经成为创新体系的重要内容。

3. 以法制保障和推动产学研的合作与发展

日本政府在促进产学结合方面，主要是通过法规来推动。如 1986 年《研究交流促进法》（以下简称《促进法》）就是为了促进高校科研成果转化和产学研合作而制定，这一《促进法》有力促进了国家研究机构、研究人员参与到民间企业进行合作研发以提高科技研发的效率。20 世纪 90 年代后，由于日本经济陷入了长期的停滞和低迷，日本政府为此制定了大量的法律、法规等支持政策。1998 年，日本通过了促进大学技术研究成果向民营企业转让的相关法律《大学技术转让促进法》和《研究交流促进法》的部分修正案，从政策上进一步促进了日本的“产学研合作”。由于大学的学术开拓和实用性研究是产学研合作的基础和前提，所以《大学技术转让促进法》所取得的效果非常明显。2005 年 12 月，日本经济团体联合会就实现“创新日本”提出综合提案，提出：高校、国家研究机构和产业界的结合或合作，以及创新各环节与知识创造成果的联系等将得到进一步增强，从知识创造到产业化的速度将得到进一步提高。鼓励行业间共性技术和关键技术的跨行业合作的国家计划应得到大力实施，计划覆盖面应进一步扩大，计划支持力度应进一步增强。与此同时，国家标准化的实施、国家知识产权体制的改革等也要得到加强，以达到与前者的同步和匹配。

4. 鼓励不同体制和地域的产学研人员间的自由流动、培养与合作

日本的一些大学经常举办产学研沙龙，以促进产学研之间的沟通与交流。1996 年，日本通过了《教育公务员特例法》的部分修正案，以促进人员间的相互交流。在人才培养与合作上，日本一方面积极鼓励大学通过各类培训为企业培养人才；另一方面倡导企业也为大学提供实践和锻炼场所，鼓励大学教师“内地留学”、学生“工厂体验”。最突出的是，日本还打破传统教育体制，鼓励大学从民间企业招聘优秀的老师。在产学研人才培养与合作上，大学教育向社会开放，并从民间企业招聘教师，民间企业让科技人员到大学进修，聘任大学教师讲学和指导（大学教师利用一定的时间到国内大学、科研院所和公司企业等进行专门领域的研究或学习，然后再回到大学），学生到企业去实习。

第二节　国内校企合作协同育人的现状

一、国内校企合作协同育人的发展

（一）我国校企融合的动力

我国职业教育产生于鸦片战争之后的现代工业初步发展时期，以江南制造局机器学堂、江宁农务学堂、福建船政学堂等一大批企业学堂为代表，迈开了中国职业教育的步伐。当时的职业学校由企业兴办，学生一边在学堂学习，一边在工厂学习操作技能，校企呈现高度一体化。

随着工业化的进一步发展，企业的数量越来越多，仅靠企业学校已经无法满足经济发展对标准化技能人才的巨大需求，同时由于我国政局不稳导致企业、学校的经费无法持续得到保障，因此职业学校从工厂中逐渐独立出来，这一举措扩大了教育规模，提高了教育效率。中国涌现了蚕桑学堂、方言学堂、邮电学堂等带有专业特色的职业学校。这些职业学校成为专门培养技能人才的场所，同时肩负着企业工人的短期培训任务。这是我国职业学校和企业的第一次分离，也是校企合作模式的第一次建立。中华人民共和国成立后，随着教育革命运动的全面展开，把生产劳动和社会实践引入教育，促进了学校和企事业单位的合作。1958 年刘少奇提出了“我国应有两种教育制度和两种劳动制度”的观点，即在全日制的教育制度和工厂、机关 8 小时

劳动制度之外，创立半工半读的教育制度和半工半读的劳动制度。此后，全国出现了众多半工半读制的学校。在这种教育形式下，学生和教师的知识水平和技术能力与企业需求紧密联系，具有明显的职业教育特色。

1966 年 5 月至 1977 年 10 月，“文化大革命”给中国教育界带来了严重的灾难。在反对教育脱离实际、脱离群众、脱离劳动的背景下，学校教育脱离了正常的教学秩序，学生一味地下工厂、下农村，缺乏对基础课程和专业课程的学习，职业教育的校企合作严重偏离了正常的发展轨道。

（二）我国校企融合的历程

1976 年“文化大革命”结束，我国进入新的历史发展时期。教育战线作为“文化大革命”的重灾区，面临着迅速拨乱反正、整顿恢复的重要任务。但在当时的中国，并没有高等职业技术教育这个称谓，缺乏职业教育的层次划分，职业教育在我国高等教育体系中的地位尚不明确，大专教育与本科教育的区别仅停留在学制上，中国尚没有真正意义上的高等职业教育学府。

党的十一届三中全会召开，揭开了中国改革开放的序幕，中国进入了社会主义现代化建设时期，经济开始全面发展和复苏。为了满足经济发展对高素质技能人才的巨大需求，在经济发展相对较快的东部沿海地区，职业大学开始萌芽。1980 年，教育部正式批准了 13 所职业大学，这些学校与高等专科学校共同组成了我国早期高等职业教育体系。

1. 高职教育校企合作的初步尝试（1980—1990）

1980—1985 年，中国的职业大学数量迅速增加，教育部批准建立了近 60 所职业大学。1985 年 5 月，中共中央、国务院召开改革开放以来的第一次全国教育工作会议，会后正式公布了《中共中央关于教育体制改革的决定》，该决定着重分析了高等教育事业与改革开放形势不相适应的主要问题，提出要积极发展高等职业技术院校，要造就数以亿计的工业、农业、商业等各行各业有文化、懂技术、业务熟练的劳动者，并指出专业性、技术性较强行业的从业人员，必须取得技能考核合格证书才能上岗。各高职院校针对自身的实际情况提出了教育改革、发展的新思路，开始同生产企业建立联系，将学生送入企业进行实习锻炼。高等教育界普遍认同了在学生学习后加入企业实践是培养有理论、有实践经验的社会主义建设人才的重要措施。

1986 年，原国家教委颁布了《关于改革和发展成人教育的决定》，提

出将岗位培训作为成人教育的重点，职工大学要利用自己同企业、行业紧密关系的有利条件，举办高等职业技术教育，为企事业单位培养生产、经营管理方面的专业技术人才，有条件的科技人员和管理人员可以定期同专职教师进行岗位轮换。在这种思路之下，成人教育得到重视和发展，企业主动将员工送到学校进行短期的岗位学习和培训，以提升其职业和技能素质。

此阶段是学校和企业初步建立合作的阶段，其主要特征体现为：我国高职教育的工作重心主要是规模扩张和体制改革，高职院校的自身定位仍不清楚，企业也正面临着转制，校企合作并不来自学校和企业的合作意愿，而是在政府的引导下被动进行。这使得校企合作显得表面化、程序化，高职院校的专业设置和企业的岗位需求难以真正结合起来，更无从谈起产业发展和高职教育发展的相互融合。

2. 高职教育校企合作的特色初显（1991—1999）

进入 20 世纪 90 年代后，中国的社会主义市场经济建设进入至关重要的时期，高职教育的发展水平直接影响着生产效率和市场经济的发展速度。

1991 年，全国职业技术教育工作会议发布了《国务院关于大力发展职业技术教育的决定》。该决定提出了“产教结合、工学结合”的职业教育发展方向，并提出要“积极推进现有职业大学的改革，努力办好一批培养技艺性强的高级操作人员的高等职业学校”。同年，中国产学合作教育协会在上海成立，极大地促进了高职教育校企合作的发展。1994 年，第二次全国教育工作会议提出“三改一补”政策[1]。1995 年，国家教委发文正式承认职业大学的性质是全日制高等学校，明确了高职教育在我国高等教育中的重要地位。1998 年，教育部提出了多形式、多模式、多机制和深化改革的高等职业教育发展方针，明确了高职院校的发展方向和办学特色，再次推动了高职教育的改革。在国家相关教育政策的推动下，高职院校将实践教学环节提到了重要地位，将校企合作作为重要的办学特色。学校积极同企业创建人才共同培养的方案，建立了一批校外专业实习基地，并结合企业需要调整专业设置。企业根据学校需要，协助学校进行实践教学环节的培养，向学校捐助实训、实习设备，帮助学校建立校内实训基地，并捐赠奖学金、助学金，派遣高技能人才担任学校兼职教师。此阶段的主要特征体现为：高职教育的校

[1] “三改一补”：通过现有的职业大学、部分高等专科学校或独立设置的成人高校改革办学模式，调整培养目标来发展高等职业教育。仍不满足时，经批准利用少数具备条件的重点中等专业学校改制或举办高职班作为补充来发展高等职业教育。

企合作得到蓬勃发展，随着高职教育在高等教育中地位和作用的明确，校企合作逐渐成为高职教育的办学特色，在高职院校的发展过程中得以初显。但我们不难发现，在校企合作中学校处于主导地位，企业处于人才培养的辅助地位，校企合作的实质是企业帮助学校进行人才培养。合作中的培养对象并没有直接定位为企业员工而仍然是学校学生，因此企业所得到的回报很少且并不稳定，再加之这一阶段学校教师的技能水平相对薄弱，高职院校和企业之间缺乏合作所需求的平等，因此，这一阶段的校企合作普遍呈现“一头热”的状态。

3. **高职教育校企合作迈入产学研全面合作的道路**（2000—2005）

经过上一阶段的高职教育改革，我国出现了一大批办学特色明显、办学成效突出的高职院校。教育部继续大力推进高职高专教育人才培养模式的改革，于2000年制定了《关于加强高职高专教育人才培养工作的意见》，为高职教育人才培养目标改革、专业设置改革、实践教学改革和师资队伍改革指明了方向。高职院校重新审视校企关系，将人才培养的目标重新定位于企业岗位需求的高等技术应用性专门人才。高职学校以应用为主要特征对课程体系进行了重新调整，改善学校教师结构，增大企业兼职教师的比例，并与企业一起建立集教学、科研、生产为一体的实验室和实训基地。2002年，国务院下发了《关于大力推进职业教育改革与发展的决定》。在经济发展的持续带动和国家政策的推动下，企业和学校开展订单式人才培养，为企业投入资源、获得人才提供了保障，其后又开拓了企业学院的模式，使单个的订单培养转变为持续的人才供给，也使得企业有更充分的理由为学校提供更多的兼职教师，并加大对校企共同进行产业技术研发的资金投入。高职院校普遍重视双师队伍的建设，有的学校明确规定了教师每年进驻企业锻炼的时间，以提高教师的专业水平。同时，国家为鼓励企业对高职院校提供资助和捐赠，规定此类捐赠可在应纳税所得额中全额扣除，激发了企业捐资助学的热情。这一阶段，国家多次召开产学研交流会，交流各地产学研发展的经验。此阶段的主要特征体现为：学校与企业的联合更加紧密，企业开始把经济利益作为校企合作的考虑因素，合作双方从自身发展出发，由校企合作育人转向产学研全面合作，学校和企业开始演变为一个协同发展的整体；这一时期，政府在校企合作中起着主导作用，通过政策法规和政策税收杠杆使校企双方处于合作共赢的地位；政府的调节难以做到永远的平衡并满足校企双方的各种需求，如何使在强有力的政府推动下快速起步并迅速发展起来的高职教育校企合作保持稳步发展，成为摆在政府、高职院校和企业面前的难题。

4. 高职教育校企合作进入质量提升时期（2005 年以来）

2004 年，我国高职（专科）招生 237.43 万人，同期本科招生 209.92 万人，在规模发展下提升高职教育人才培养的质量成为高职教育发展的重中之重。

2005 年，国务院出台了《关于大力发展职业教育的决定》，提出要努力提高职业院校的办学水平和办学质量，并计划实施职业教育示范性院校建设计划，在整合资源、深化改革、创新机制的基础上，投入大量资金重点建设培养高素质技能型人才的 100 所高水平的示范性高等职业院校，在 2010 年新增 100 所左右骨干高职建设院校，我国高职教育正式进入质量提升阶段。根据师范院校和骨干院校建设计划，高职院校在管理体制机制改革、人才培养模式、实训实习基地建设、师资队伍建设方面与企业建立了更加紧密的关系。各地高职院校纷纷成立各种职教集团，将政府、行业、企业团结起来成为学校发展的决策咨询机构，同时提高合作企业的参与性，保障合作企业的利益，校企合作从两个组织之间的合作开始向系统内部合作转变。2014 年，国务院颁布《国务院关于加快发展现代职业教育的决定》，把“政府推动、市场引导；服务需求、就业导向；产教融合、特色办学；系统培养、多样成才”作为新时期现代职业教育的基本原则，将建设目标定位于“中职高职衔接、职业教育与普通教育相互沟通，体现终身教育理念，具有中国特色、世界水平的现代职业教育体系”，并提出要健全企业参与作用和行业指导、评价、服务制度。教育部据此在全国各省市开展了招生与招工一体化、教书与带徒一体化的现代学徒制试点工作，并联合其他五个部委编制了《现代职业教育体系建设规划（2014—2020）》，提出要实现职教体系的内部贯通和职业教育与普通教育的贯通，并改革职业院校用人制度，完善企业参与的“双师型”教师培养、培训体系。

从国家的相关政策和规划可以看出，现代职业教育体系正逐步发展为国家竞争力的重要支撑，高职教育的发展方向与技术进步、生产方式变革和社会公共服务相适应。发展的重点之一是加强产教的深度融合，具体说来就是要强化行业企业的参与地位、坚持校企合作、优化人才培养模式、健全职教法规、建立终身职业教育制度。

本阶段的主要特征体现为：由于经济发展方式的加速转变和社会竞争的愈发激烈，加大了学校和企业可持续发展的需求，校企合作正逐渐由外部驱动向内部驱动转变。如何完成这种转变使校企深度融合、发挥校企双方各自的优势和潜能、进一步提高产学研的质量、更加全面地展开产教融合和校企合作、促进高校与产业同步发展、职业教育与经济社会同步发展，成为这一时期国家、学校和企业的共同追求。

二、京津冀的校企合作经验探索

协同发展与优胜劣汰相对应，旨在通过协调两个或两个以上的不同资源或个体间的相互协作来完成目标，实现双赢式共同发展。协同发展的核心在于“和谐”，目前已被世界上许多国家和地区作为实现社会可持续发展的基本指导理念。该理念认为某物种的灭绝是与另一物种共同进化的共荣、共存结果，而非另一物种胜利的附带产物。因此基于协同发展理念指导下的竞争机制通常具有多样性、公平性及协同性：多样性以制度、体制、科学、教育和道德规范等多种内容的共同竞争、相互促进、实现全面的协同发展为主要表现形式；公平性以多种成分、多种形式在同等生存条件下的公平竞争为主要表现形式；协同性以竞争促使双方发挥各自特长，以求得共同发展为基本原则。

作为优质高等教育资源聚集地的京津两市，通过多年三地协同发展，高等教育的“发展极”已然形成，具备发挥高等教育对周边地区的辐射带动效应条件。协同发展进程中，在区域内政府的引导或参与下，京津冀三地以大学、企业、科研机构作为桥梁和纽带，通过多样化的公平竞争形式展开共同研究，使京津冀区域内各司其职的高等教育个体变为共享信息资源、优势互补、发挥各自特长、谋求共同发展的高等教育共同体，通过京津两市形成的高等教育“发展极”对所在部门和地区产生的支配作用，不仅使所在部门和地区迅速发展，也带动了相邻地区——河北省的高等教育发展，使京津冀区域内高等教育增强了整体竞争优势，获得了更大的发展空间，形成了区域高等教育品牌效应，实现了区域高等教育发展的共赢。

校企合作主要涉及层次理论、三种需要理论及期望理论，三者之间处于交叉、互相联系的状态。层次理论从学校和企业自身出发，分析两者在不同

的发展阶段对人才培养和需求的动态变化关系。地方高校学科成立之初急需和企业合作，以促进高校学科的建设和发展，企业也会根据自身发展规划制定合作意向。层次理论中，校企合作只有一方是主导的，另外一方处于从属地位，所以合作面临单方热问题。三种需要包括成就需要、权利需要和亲和需要。成就需要涉及脱离物质之外、追求精神满足的成功资深人士层面，权利需要涉及颁布政策法规的政府层面，亲和需要主要指两者之间合作的长效性。期望理论主要是最终的价值评价和预期成果。校企合作的价值评估主要涉及双方合作主体：学校能够促进高校教学、科研领域发展，提供高素质的专业技术人才；企业能够获得专业技术人才，提升企业效益，从而形成良性互动发展。

（一）校企合作存在的主要问题

1. 学校自身定位不清

在人才培养上，企业和高职院校的出发点不同，要求也各不相同。企业需要能够提升企业社会和经济效益的人才，而高职院校的首要目标是保证教学成效[1]。这两者之间必须做好协商工作，否则校企合作难以取得理想效果。在人才培养上，高职院校要不断督促学生完善并加固自身技术技能，提升实践能力，不断适应岗位需求，以提升就业率。但是通过对现阶段高职校企合作情况的分析可知，部分高职院校为了应付相关部门的检查，在实际工作中对教育部门规定的标准过分重视，导致校企合作工作虽然能够开展但是很难取得预期效果[2]，尤其在选择企业时，部分高职院校不能准确把控市场，所以不知道应当选择哪一类企业展开校企合作。实际上，很多合作企业并没有真实的生产项目，从本质上说就是纯教育培训机构，学生在企业中只能接受“填鸭式”培训，这样的合作比较浅显，并没有实际价值。

2. 企业在校企合作中内驱力不足

现如今，仍然有很多企业存在错误的认识，认为校企合作实用价值并不大，能够带给企业的利益增长率基本上可以忽略不计。就目前整体情况来看，京津冀很多高职院校针对校企合作已经拟定相关机制，而企业也为学校

[1] 杨晓蕊. 京津冀一体化背景下高职院校旅游人才培养问题探析 [J]. 旅游纵览，2016，2：268-269.

[2] 成启明. 京津冀一体化背景下“1+1 嵌入式”校企合作动漫人才培养模式研究 [J]. 职业教育研究，2016，6：17-20.

提供了实训设备和基地，有的甚至提供技术专家去高职院校讲课。但是在具体的校企合作中，很多企业反映校企合作真正给企业创造的经济价值非常少，而且还普遍反映高职毕业生的质量并没有因为校企合作而得到显著提升[1]。正因为如此，很多企业在和学校合作的过程中表现出来的积极性普遍较低。企业的主观意识不强，校企合作很难顺利进行下去，也难以取得理想效果。

3. 校企合作机制不完善

校企合作需要完善的机制做支撑，否则难以获得长久发展，也难以取得实效性。就目前京津冀高职院校校企合作情况来看，虽然部分高职院校针对校企合作建立了与企业合作的机制，但是整体流于形式，如保障机制、激励机制等并未很好形成，这让校企合作有效、持续开展受到严重制约[2]。除此之外，政府目前还未针对校企合作形成具有保护性的政策法规，虽然也出台过一些政策，如降低企业税收等优惠政策，但是在实际运作中并没有完全落实。

（二）京津冀协同发展下地方高校校企合作动力来源

校企合作主要涉及社会、政府、企业、院校、教师、学生等多个层面，由于各方不同的利益需求，所以在多元化校企合作过程中实现多方共赢才能有效促进校企合作的实质性进展，这也是校企合作的动力来源。

1. 政府是高校校企合作的外在推手

校企合作的成功实施能为政府和社会带来经济效益和社会效益。政府在校企合作中的主要作用是服务校企合作的双方主体，通过提供政策法规、实现信息资源的交流互换，提升校企合作的实质性和长期性。

2. 利益是校企合作中企业层面合作与否的决定因素

利益最大化是企业追求的最终目标，然而追求利益最大化需要强大的竞争力，技术和人才是关键。校企合作能够为企业提供稳定优质的储备人才，而且专业化程度较高，优于从社会直接招募的非专业人才，培养期和过渡期

[1] 石琛琛，张翠英，段小奇．京津冀协同发展背景下河北省高职院校促进大学生就业问题研究［J］．开封教育学院学报，2016，7：287-288.

[2] 李潘坡，王素梅，张帅，李萌．京津冀协同发展背景下高职院校人才培养策略探究——以邢台市为例［J］．河北农业大学学报（农林教育版），2016，4：25-28.

缩短，降低了人力培养成本。此外，校企合作以企业的各种技术攻关为核心课题，双方共同致力于解决问题，缩短了问题解决时间。

3. 人才培养的合格率是鉴定高校教育成果的主要评价指标

现如今，高校在不断地进行课程改革以提升教学质量和适应社会人才需求。校企合作对高校而言，能够优化人才培养方案、提升高校教师队伍素质，也能促进学生更好地融入企业。同时，相关技术层面的共同研究也能促进高校科研方向的发展，拓宽科研领域，提升高校专业方向影响力。

（三）京津冀协同发展下地方高校校企合作动力机制

校企合作动力机制是指政府、企业、高校三方动力共存并持续、有序发挥作用，各构成要素动力之间相互渗透、相互转换，共同推动职业教育校企合作制度变迁的综合系统。这要求参与三方群策群力，共同促进校企合作的实质性进展，以此实现校企合作的制度化、规范化、科学化。

1. 各司其职

三方共同促进校企合作发展。政府作为校企合作的主要驱动力，应该借鉴国外成功校企合作模式，从立法、政策法规和财政等方面给予大力支持。建立职业教育校企合作的相关法律法规，从而使得校企合作有法可依、有法必依。企业利用政府提供的政策法规和财政支持，确定企业技术开发项目，形成与高校之间的技术层面合作，吸纳优秀教师和学生进入企业进行技术项目开发，提升校企合作的技术支撑。地方高校要具有服务地方经济和社会发展的主人翁意识，积极加强与企业的交流合作，组织教师和学生深入一线，接触先进的技术层面，避免闭门造车的理论传授。

2. 建立互动式校企合作平台

为促进三方顺利协作进行，政府出面建立保密性和协作性级别高的校企合作专业平台。平台主要服务于政府、企业和高校，协调三方之间的政策、法规、合作、建设等领域。平台负责管理、规范、咨询、引导学校和企业的多元化合作，进行科研、教学、人才招聘、项目等领域的合作开发。平台集合区域或地方高校企业资源和高校人才资源，将企业信息、人才需求、科研攻关、高校人才培养、人才范围和高校科研领域、教师资源等进行公开，全面促进各领域校企合作建设。

3. 以校企之间的利益契合点构建合作方式

校企双方以利益契合点寻求合作，以能够让双方真正受益。合作方式主要涉及以下几种：（1）科研项目共同开发，加强企业和高校科研的衔接，既能解决企业的技术难题，又能促进高校科研领域的开发；（2）建立实训基地，实训基地要以培养人才为目的，同时企业要树立良好的社会责任感和社会形象，避免以寻求廉价劳动力为目的同高校开展实训合作；（3）教师资源与企业工程师技术对接，与人力资源共享，加大力度建设双师型教师队伍，积极引进高技能和高学历人才，鼓励教师积极参与企业的研发或技改项目。

三、长江三角洲的人才培养模式分析

从 20 世纪 70 年代开始，长三角地区的区域人才开发一体化进程就处于国内领先的状态，进入 21 世纪以后，该区域的人才开发一体化工作更是进入到了一个持续高速发展的新阶段。该区域内的地方政府已经形成了合作开发人才资源的共识，在此基础之上，地方政府着力构建服务于人才开发一体化工作的平台，努力实现区域内部人才开发方式的规范化与多样化。这些都为长三角区域人才开发的一体化创造了良好条件。

（一）发展历程

1. 合作关系的确立阶段

在 2003 年的上半年，“长江三角洲人才开发一体化论坛”在上海拉开了大幕，该论坛由浙江、江苏与上海的人事厅以及其他相关部门联合举办，旨在加强三地在人才开发方面的合作力度。该论坛的一项重要成果是达成了《长江三角洲人才开发一体化共同宣言》，该宣言对相关合作原则、合作范围，以及所要实现的目标进行了明确的设定。同年 7 月，《关于两地开展异地人才服务合作协议书》正式签署，而协议书中所提到的两地便是上海市与南通市。此外，上海市还与嵊州市、绍兴市签署了《关于两地开展人才异地服务合作协议书》。这一年的 9 月，上海人才服务中心又与杭州人才服务中心共同签署了《人才服务合作协议书》《人才网站合作协议》。这一系列协议的签署表明了长江三角洲地区的地方政府已经充分认识到区域合作在人才开发一体化进程中的重要作用，并逐步确立了区域间的合作关系。可以说，上述举措为长江三角洲地区的人才一体化开发工作奠定了坚实的基础。

2. 制度保障与组织保障的确立阶段

2004 年 6 月，上海、江苏、浙江三地政府联合举办了第二届长江三角洲人才合作会议，该会议催生了长江三角洲人才开发一体化联席会议制度。同时，会议还决定设立专门负责人才合作工作的行政机构，该行政机构由来自上海、江苏、浙江的工作人员共同组成，而设立该机构的目的则在于共同解决区域内部的人才问题，协同推进人才开发的一体化进程。此外，会议还针对长江三角洲人才开发一体化进程中所存在的一些具体问题提出了应对策略。例如，为解决人才流动过程中所存在的人事争议问题，上海、江苏、浙江三方共同签署了《关于开展人事争议仲裁业务协助和工作交流的协议》，意在解决长三角人才流动过程中所发生的人事纠纷与冲突，努力构建一体化的人才流动服务平台；为了解决“引智”工作中的相关问题，三地共同签署了《关于三地引进国外智力资源共享的协议》，旨在确保外籍专家引进过程中的信息互通与资源共享；为了有效解决人才交流过程中的具体问题，三地政府还共同签署了《关于定期举办网上人才交流大会的协议》，为三地求职人员及用人单位提供定期的人才交流服务，以实现人才服务共享的目标，进而确保人才交流工作能够更加便利、更为有效地开展。这些都为长江三角洲地区的人才一体化开发工作提供了可靠保障。

3. 人才合作开发工作持续发展阶段

2005 年至今，是长江三角洲地区人才合作开发工作持续发展的阶段，在这一阶段，上海、江苏、浙江三地的人才合作开发项目不断增多，人才合作开发范围不断扩展，人才合作开发深度进一步加深。具体而言，主要体现在以下几个方面：

（1）建立并不断完善公职人员的互派制度

在公共部门人才合作开发方面，三地政府建立并不断完善公职人员的互派制度，三地政府依据各自的工作需要及人才培养目标，提出跨省市的公职人员交流互派计划，由各地方政府的人事部门负责协调后正式组织实施。地方政府之间互派公职人员的方式主要有对等派遣与自愿组合两种。

（2）着力推行相关教育资源共享策略

在专业技术人才合作开发方面，三地政府始终鼓励专业技术人才接受继续教育，并着力推行相关教育资源共享策略。在推行这一策略的过程中，三地政府互相提供各专业、各领域的继续教育课程指南，彼此供应相关的教材目录以及教师名录，以实现教育资源共享的目的。

（3）建立高级人才名录

在高级人才共享方面，上海、江苏、浙江三方共同建立了高级人才名录，名录涵盖了在上述三地工作的两院院士以及一些贡献突出的专家学者，名录的建立使得三地在高级人才共享方面更为便利。此外，三地还不断加强博士后工作的合作力度，在充分发挥各自的学科特色与优势的基础之上，不断强化博士后的交流工作，且逐步建立起了稳定、互利、互惠的博士后合作机制。

（4）三地的合作力度不断加强

在人才服务方面，三地的合作力度也在不断加强。三地通过互为代理、互设相关服务机构的方式为区域内的各项人才提供服务，服务的内容主要包括人才信息咨询、人才选聘与培训、智力输出、人才援助、诚信认定等。此外，三地还不断加强专业技术资格互认制度建设，这既简化了区域内人才资格认定的相关流程，又在一定程度上降低了人才资格认定的成本。

（二）存在的主要问题

尽管长三角人才一体化开发工作在一个较短的时期内得到了迅速推进并取得了一系列的成就，但就人才开发一体化的总体进程而言，现阶段依然处于不断探索、积累经验的初期阶段。在这一阶段，有一些比较突出的问题需要引起我们的关注。

1. 区域人才合作缺乏统一的规划

香港回归以后，基本保持了港英政府时期的教育体系，注重培养学生的自由批判精神和社会反思能力。目前，香港教育主要由教育统筹局负责运行管理，分为学前教育、九年免费教育、高中及预科课程、专上课程。其中，高中及预科课程为两年，两年制高中（中四、中五）的目的在于为学生提供最基本的社会适应性教育；两年制预科课程（中六、中七）则为志在继续接受大学教育的学生提供两年的教育准备时间。此外，受惠于香港“内地超级联系人”的优越地位，香港产业高度服务化，销售、金融、贸易等行业职业缺口大，因此，香港高等教育系统也更注重商科人才培养。而澳门教育体系尤其是高等教育系统起步较晚，但国际化程度较高，其基础教育主要分为“正规教育”与“持续教育”，由澳门教育暨青年局负责，另设澳门高等教育局负责辅助、跟进及发展澳门高等教育，偏重商科、理工科及艺术设计类人才培养。粤港澳三地高校在管理体制、办学模式、人才培养等方面差异较大，而目前国内通行的《中外合作办学条例》《中外合作办学条例的实施方法》等文件对粤港澳高校合作办学规定不明，缺乏指导性，导致粤港澳大湾区在教育和人才体制合作上存在较大阻碍。香港以高校自主管理体制为主，澳门特区政府管理的高等教育局与高校是平行机构，政府对高校仅有意见指导及监督作用，而内地高校与上级领导部门是行政隶属关系，三地办学模式与管理体制均有较大差异。与港澳地区的多元化办学模式相比，内地高校办学主体和经费来源较为单一，不够机动灵活。在学生培养和课程设置上，受历史因素影响，港澳地区主要采用国际化教育体系，而内地在专业结构、课程设置上虽坚持自身特色，但缺乏对外交流的深度和广度。

长江三角洲地区的区域人才合作缺乏统一的规划，各自为战的问题比较突出。最近十几年的发展使得长江三角洲地区的人才合作具备了一定的基础，但是区域内部人才合作规划的统一程度还比较低，人才合作开发的目标定位还不够明确，相关的发展战略需要进一步明晰，人才合作开发过程中暴露出的政策兼容度低的问题有待于进一步解决。

2. 相关协调机制发挥的功能相对有限

粤港澳大湾区职业教育协同发展是粤港澳三地职业教育资源的整合、职业教育主体的分工合作，以共同完成粤港澳大湾区职业教育目标，为粤港澳大湾区未来发展提供坚实的技术、技能人才保障。根据教育部 2019 年公布的全国高等学校名单显示，目前粤港澳大湾区“9+2”城市共有高等学校 152 所，在校生超 300 万人，其中珠三角地区拥有 127 所，包括 57 所本科院校和 70 所专科院校，香港拥有 18 所高等院校，而澳门则拥有 7 所，基本能够满足大湾区内职业人才培养需求，但由于历史原因，粤港澳三地人才培养理念与方式各有不同，难以形成有效对接。香港在职业人才培养上有着独特的发展经验，一直奉行“提供多元化学习、培训机会，创造多元化就业机会”的职业教育理念。1982 年，香港成立职业训练局，通过了解人才市场需求开发培训课。除了密切关注市场需求外，香港通过参与国际培训项目、国际职业资格比赛等来促进对外交流，完成学业的学生可以获取国际职业资格证。澳门则更注重职业人才的长效培养机制建设，目前，在澳门开展职业教育的 7 所专修学院和 5 所技术学校中，虽然在职业教育发展上与香港存在差距，但在《技术职业教育之课程组织》等教育政策的支持下，通过政府的广泛资助，已积极开办了能够适应经济多元化发展的特色课程。中葡职业技术学校、澳门工联职业技术中学、澳门三育中学等职业技术教育学校在课程编排、专业科技培训及文凭与证书等方面都做出明确规定，并发展自身的优势学科，以适应社会发展的需求。与港澳地区职业教育模式相比，珠三角地区在人才培养数量上具有优势（中职、高职、本科的人才培养规模达 220 万，其中，中高职占了一半以上的规模），《粤港澳大湾区发展规划纲要》明确提出要建设“具有全球影响力的国际科技创新中心”“大力发展新技术、新产业、新业态、新模式，加快形成以创新为主要动力和支撑的经济体系”。未来，粤港澳大湾区将以科技创新为发展模式，对高职及以上学历的人才的培养需求急剧增大，信息技术产业类人才、应对智能制造类人才、生产性服务业人才紧缺。然而，面对大湾区庞大的技术人才缺口，当前粤港澳城市的职业人才培养却难以匹配市场需求，不仅制造业人才培养严重不足，而且在新兴产业巨大的人才缺口面前缺乏敏锐的触觉和快速、专业调整的能力，课程设置严重滞后，专业结构布局亟须调整。在职业教育国际化建设上，虽然广州、深圳的许多职业院校都开始与国际院校开展项目合作，但相关跨文化交流的公共课程、国际市场需求的应用技术课程及国际化职业资格证书培训的课程仍开设较少。

在推进区域人才开发一体化的过程中，既需要组建一个能够充分发挥协调功能的协调机构，又需要其他相关部门能够相互合作、多管齐下。从 2004 年至今，在长江三角洲地区人才开发一体化进程中扮演协调机制角色的一直是联席会议，而联席会议当中的成员则主要是上海、江苏、浙江三地的人才服务机构及人事部门，其他诸如社会保障、组织等部门则未能进入联席会议之中。这便使得三地政府在开展人才合作开发的过程中很难与其他相关部门进行有效沟通，进而导致区域内部人才开发政策整体性、协调性相对不足，覆盖范围相对有限的问题。

3. 区域间人才流动性相对较弱

根据《中国流动人口发展报告 2021》数据显示，广东省 2020 年常住人口为 11521 万人，同比增加 175 万人，其中珠三角地区增加约 150 万人，这表明人口正在向粤港澳大湾区聚集。而中国与全球化智库在 2018 年发布的《粤港澳大湾区人才发展报告》指出，目前珠三角地区有在站博士后 1231 人，同时新增博士、硕士数量分别为 2793 人、42826 人，此外具有职称的专业技术人才数量为13797人，珠三角集聚了广东全省近70%的技能型人才。近年来，境外来粤专家人数不断提升，2015年来粤专家高达12.99万人，占全国的20.8%，其中港澳专家2.63万人，占当年来粤专家人数的20.2%。大量聚集的专业人才迅速提升了粤港澳大湾区的城市竞争力。2018年，在全国城市综合经济竞争力排名中，深圳、香港排在前两位，广州居于上海之后位列第四。但随着来粤人才的大量涌入，粤港澳地区人才机制不衔接、与实际需要不匹配、政策适应性不强等问题愈加凸显。境外人才职业资质互认制度缺乏也使得律师执业资格、建筑师执业资格等不能互通互认，许多来粤人才面临着职业资格审核难等方面的阻碍。香港科技大学前校长陈繁昌先生在谈到粤港澳大湾区人才培育和流动的影响因素时指出，粤港澳大湾区拥有很好的人力资源优势，但由于制度差异，人流物流的自由流动受到阻碍，且由于创业环境的影响，香港的毕业生来内地工作的意愿并不是很强，而香港的教师由于税收问题（在内地停留超过182天，就要交内地的税），以及出入境签注问题，不能在内地长期停留，种种限制条件阻碍了粤港澳人才要素的自由流动。总体而言，上海、江苏、浙江三地间的人才流动性相对较弱，人才流动跨度相对较小。据统计，三地人才的异地流动次数仅有人均0.83次，跨省市的人才流动次数在总人才流动次数当中所占的比例不超过40%。与省内及市内人才流动比率相比，长江三角洲区域间的人才流动比率明显偏低。

第三章 校企合作协同育人的三重视域

第一节 作为顶层设计者的政府

政府职能是指政府作为国家管理的执法机关，在对社会政治、经济和公共事务进行管理时需要依法承担的职责和功能，一般包括政治职能、经济职能、社会管理职能和公共服务职能四大类。近年来，随着我国大力推进“传统管制型政府”向“公共服务型政府”转型，政府职能也从以社会管理为主逐步转变为以公共服务为主，如何平衡二者关系是摆在地方政府面前的一道现实难题。在校企合作领域，政府职能以不同形式体现在“经济调节、市场监管、社会管理和公共服务”四个方面，其中市场监管与公共服务是政府职能发挥的重点内容，也是需要健全和完善的主要方向。

一、政府在校企合作中的功能定位

借鉴发达国家的经验，在校企合作中需充分发挥地方政府的管理职能和服务职能，根据各个环节需分别扮演好合作的推动者、利益的协调者、过程的监督者、成果的验收者、制度的建设者等不同角色。

（一）合作的推动者

校企合作能否实现纵深发展，不仅关系到校企双方的长远利益，而且关系到地方经济社会的长期稳定。在自由经济环境下，院校为了体现办学特色、提高就业率和就业质量，对于校企合作的参与积极性较高；而多数企业尤其是对员工技能要求不高的企业，仅仅是希望通过校企合作降低招工、用工成本，避免在用工高峰期出现用工缺口，因此对于企业提出的长期合作意向和深层次合作项目并没有足够的参与动力和实力。为了弥补这一“市场失灵”现象，地方政府就有必要在政策、财政、管理等方面进行有效介入，通过制定相关法律法规、实施财税优惠政策和成立主管部门等措施，推动校企双方尤其是企业以更加积极的姿态投入到校企合作中。

（二）利益的协调者

根据系统论，院校、企业和政府在合作中各自秉持着不同的价值立场，对于合作目标存在不同观点，其中，校企双方更重视短期利益和经济价值，政府则更加重视社会效益和公民福利。在这个系统中，需要政府扮演“协调者”的角色，在充分尊重校企利益的基础上追求社会效益的最大化。比如，院校为了学生利益，会尽可能地要求企业提高工资待遇、畅通晋升渠道、加大资金投入等，但企业总是希望以最小的成本实现最大的经济价值。两者之间的利益诉求矛盾需要政府部门进行调和，以确保系统正常运转。

（三）过程的监管者

我国当前出台关于校企合作的政策大多是鼓励性质的，目的在于调动校企双方的积极性，因此指令性条款很少提及。但作为商业性合作，校企双方必须明确规定双方的权利与义务，在没有宏观政策文件指导的情况下，校企之间只能自行拟定合同条款，其专业性和法律效力难以得到保障，一旦出现违约行为则没有对应的第三方予以申诉。为此，作为公共管理部门的地方政府必须自觉承担起这一责任，及时出台地方性法规以明确校企合作中主要的责任事项及权利义务，此外还应成立相应的行政执法部门进行全程监管，切实保障合作双方的合法权益，杜绝合作隐患，从正反两面推动校企合作健康发展。

（四）成果的评估者

由于政策机制的不完善，政府对于校企合作成果的验收没有科学的评估依据，合作基本上只能交由校企双方自我评价、自我总结。鉴于此，地方政府应当安排专人对校企双方达成的实质性合作项目进行跟踪回访，掌握人员输送数量、项目进展情况等。对于引进人员规模较大、期限较长的企业应进行实地走访，深入了解这部分群体的生活、工作情况，收集意见。尝试建立“黑名单”制度，将调查中发现存在不良信用记录的企业或者学校列入其中，在组织相关活动的过程中予以重点关注，对改进成效不理想的企业（学校）拒绝其参加。

（五）方向的引导者

校企合作所处的社会经济环境不是一成不变的，受限于自身的局限性，校企一方只能根据主观判断来制定下阶段的合作方案。此时，地方政府应该通过对前期校企合作成果的评估，结合宏观经济走势和政策重心，及时引导校企调整合作方向，确保与区域人力资源需求结构保持一致，尤其是针对校企合作中出现的典型问题，政府一定要从根源上予以解决，利益矛盾应通过行政手段进行弥补。此外，还应不断创新工作方法、完善工作制度，确保及时发现并清除合作发展中的不利因素，创造有利条件。

二、政府职能部门在校企合作中的职责

（一）健全保障机制

国外发达国家的经验证明，健全的法律体系和政策环境是发展校企合作的前提条件。尤其是作为地方政府而言，更应该通过行政和立法手段，促进校企双方主动将合作推广开来：一是通过政策立法提高对校企合作重要性的认识，目前在国家层面，《中共中央关于制定国民经济和社会发展第十三个五年规划的建议》已经明确提出推进产教融合校企合作模式，各级地方政府必然按照中央精神在校企合作的本地化方面加大工作力度。在此基础上，也可以出台地方性法律法规提供更具操作性的扶持政策。二是出台基础性文件进一步规范合作细则，针对各行各类专业人才的从业资格进行认证，明确相应人才的培养依据和评价标准，引导校企合作落到实处。三是建立校企合作考核标准。强调企业在校企合作中的重要角色，将职业教育办学成果与企业经营效益挂钩进行综合评价，对于优秀案例进行广泛宣传，鼓励各地区打造独具特色的合作品牌。

（二）建立沟通机制

校企合作的双方从性质上看分属不同领域，在校企合作以外互相之间并无明显的交集，对于彼此的具体情况很难全面了解，这就给双方建立合作关系造成了阻碍。此时，地方政府作为公共管理部门，就需要扮演“中间人”和“代言人”的角色，为校企合作的顺利发展开辟道路。在合作前期，地方政府可以作为当地院校或者企业集团的代表，与对口地区政府进行接触，之

后将了解到的情况反馈给本地校企，再由其自行决定是否需要深入接触。目前，除了部分大型企业以外，绝大多数企业并没有太多的资源去开辟外省市劳务合作基地，或者相较于“单打独斗”的企业他们更愿意在政府的组织下“抱团出击”以形成合力。此时，政府作为地方就业管理部门，就可以根据调查掌握的情况，与周边人力资源充裕、院校资源丰富的地方政府进行沟通接触，寻求合作意向。通过这种方式不但可以有效降低企业成本，而且能有效减少对方的顾虑。在合作中期，政府也可以作为合作成果的交流平台，为校企双方互相掌握院校办学现状和学生就业近况提供最新信息，避免出现管理断链的情况。在合作后期，校企双方可以借助当地政府交流意见，也可以由政府组织定期召开校企交流座谈会，共同探讨前期合作成效和未来合作方向，及时解决矛盾隐患。

（三）提供动力机制

企业参与校企合作动力不足的问题必须通过扶持政策来弥补，地方政府可以动用财政专项资金为企业投入校企合作提供资金支持。目前，我国校企合作进展缓慢，很大程度上是由于企业缺乏参与合作的主动性。其实在现代化企业管理模式的普及下，人力资源对于企业长期发展的重要性已经得到普遍认可，但受限于传统的经营理念，大多数中小企业并没有将其作为长远战略看待。对此，政府可以通过财政补贴的形式，对于通过校企合作引进行业紧缺人才和实现科研成果的企业，给予相应比例的财政奖励，帮助企业解决初期资金短缺问题，从而通过校企合作获得经济收益后，校企合作自然会作为企业的一项常态工作继续保持下去，而其他企业单位也会将其作为成功案例而相应地增加投入力度。

（四）形成制约机制

校企双方的利益矛盾必然会导致合作中出现违约和失信行为，此时如果没有法律约束而仅仅依靠道德规范，显然达不到理想的惩戒效果。比如，企业为追求经济利益最大化，可能会克扣毕业生和实习生的工资待遇，院校则会按照输送毕业生的数量向企业收取中介费用。同时，地方政府应承担起社会管理职能，用法律手段限定校企合作的行为准则，确保校企双方正确履行各自的职责义务。具体来说，地方政府可以将参与过校企合作的企业建档立案，根据企业规模、经营效益、合作成效分类整理。对于其中经营效益差、技术手段落后，用人主要集中在产业链最低端的企业，不鼓励其参与校企合作。对于具备较好条件但在校企合作方面存在不良记录的企业，责令其提交改进报告，否则在人才引进方面予以一定限制。同样地，对于院校违规收取中介费用、利用校企合作牟取私利的行为进行严肃的法律处理。总而言之，就是要以强制性的措施让校企双方意识到合作中的法律责任，营造校企合作的良好社会氛围。

第二节　作为人才供给侧的高校

一、高校在校企合作协同育人中的主体意识

高校是知识生产和知识转化的关键地，同时是知识空间、集聚空间和创新空间得以形成的关键地。1997 年，美国波士顿银行发表《MIT 的冲击创新》，分析大学对区域发展、国家经济发展的贡献。在理论研究上，美国高等教育学家伯顿·克拉克 1998 年发表著作《创办企业型大学》，分析、研究了欧洲 5 所大学的生存、发展之路和寻求资金的过程，总结出大学企业化转型的五条途径：强有力的领导核心、多元化的资金来源、加强与外界联系、强有力的学术核心、创业型的校园文化 [1]，着重强调大学应像企业一样不断尝试，并开展创新和创业，即“革新式”创业型大学的研究。美国学者亨利·埃茨科维兹则提出创业型大学的使命是将知识资本化和技术产业化，通过在创新创业活动中将知识的生产者和使用者相融合，通过知识、技术的资本化和产业化实现促进经济社会发展的目标，即“引领式”创业型大学。在“政府—产业—大学”三螺旋创新系统中，创业型大学在发挥人才培养、科学研究职能的同时，强调知识的转化与应用，注重创新创业精神和服务社会意识的培养。高校应通过拓宽融资渠道，了解产业、市场和社会需求，率先实现知识的商业化转化，解决社会范畴的经济发展问题，在“政府—产业—大学”三螺旋创新体系中，它与政府、产业处于同等地位。

高校是传授知识、培养人才的教育机构，培养人才是高等教育的天然使命。从未来发展来看，高校培养出理、工、农、商、医、军、文、史、哲等各方面精英，这些大学生终将走入社会，逐步成为社会各行各业的精英，成为社会发展的主力军，可见，高校不仅会影响到个人的人生观、价值观、世界观，还会影响到社会的风尚、思潮和发展方向，更会影响到国家富强、民

[1] Clark，BurtonR. Creating Entrepreneurial University: Organizational Pathways of Transformation[M]. London: IUPress，1988.

主、文明、和谐发展的趋势和进程，所以，高校人才培养直接决定着一个国家的未来，承载着一个民族的希望。正如习近平总书记所说“青年最富有朝气、最富有梦想，青年兴则国家兴，青年强则国家强”“青年一代有理想、有担当，国家就有前途，民族就有希望”。

现代国家的富强、民主、文明、和谐都有赖于人民对知识的把握和创新能力。随着现代社会的发展和高等教育大众化的推进，以传播知识为主的高校在社会活动中的作用越来越重要，学校及师生更多地融入社会活动中，以其文化底蕴、环境条件、研究成果等直接参与社会活动，并与社会建立广泛、密切、深入的联系，促进社会的进步。高校文化与城市文化、区域文化和国家文化的关系也越来越密切，高等教育不仅肩负着知识和信息的创造、加工与传播，还肩负着自身的社会道义与社会责任，即利用人才和科研优势为社会提供各种服务。

学校及师生要更多地、经常性地融入社会活动中，与社会建立广泛、密切、深入的联系，参与社会不同领域的服务与发展，促进社会的进步，尤其基层社会，它是社会主义核心价值观最亟须培育和践行的地方。基层社会更应当成为高校社会服务和实践育人的主战场，师生应通过深入企业、社区、乡村，开展科技服务，扶助困难群体，拓展志愿活动，接地气、知实践、动真情，增加对国情、社情、民情的切身感受，密切与人民群众的联系，在社会服务实践中起作用、长才干、作奉献，形成社会主义核心价值观。

“高等教育是优秀文化传承的重要载体和思想文化创新的重要源泉，要积极发挥文化育人作用”，这是我们党赋予高校新的职能和现代高等教育新的重大使命。任何一所大学，由于其语言的民族性，其育人的目的性，其与知识发生联系的生活方式，其组成者对至善的追求等因素，决定了它自诞生之日起，就承担着文化使命。高等教育是培养德、智、体、美、劳全面发展的社会主义建设者和接班人的重要阵地，也是传承、建设和创新优秀文化的重要载体。高校是思想文化创新的重要阵地，具有以文化育才和以才兴文的双重优势。社会主义核心价值观既是中国共产党对中国社会现代化进程的总结，又是对中国社会未来发展的理想规划。在这个意义上，社会主义核心价值观就不仅仅是意识形态，而是一种新的文化或文明形态，它表达着当代中国人的理想生活方式，规范着当代中国社会体制、机制创新的方向，为当代中国人提供了安身立命的精神家园。文化的超越性决定了社会主义核心价值观需要被自觉地培育和践行。社会主义核心价值观是一种先进文化的核心，或者说是中华民族正在形成着的新的文化传统，培养和践行社会主义核心价值观具有文化建设的意义。只有从文化角度认识社会主义核心价值观，才能真正使社会主义核心价值观内化于心、外化于形。

二、高校在校企合作协同育人中的责任和义务

教育与产业的关系从属于教育与经济的关系这一范畴，因此探讨教育与产业的关系脱不开对教育与经济关系的梳理。中华人民共和国成立后，马克思主义的教育与生产劳动相结合（以下简称“教劳结合”）被作为处理教育和产业关系的指导思想，且被列入我国的教育方针。教劳结合（在马克思看来）是造就全面发展的人的唯一方法，其实质是要在教育和生产劳动之间建立相互影响、渗透和促进的关系，“劳动技术教育”是教劳结合的重要形式。教劳结合是由马克思和恩格斯奠定，后由列宁、毛泽东、邓小平等马克思主义者在实践运用中不断加以发展而形成的一个有关教育、经济和社会发展关系的理论体系，对我国的教育发展以及教育与产业的关系产生了广泛而深刻的影响。1949 年 12 月召开的全国第一次教育工作会议，把“为工农服务，为生产建设服务”列为教育工作的“中心方针”。1958 年 9 月，中共中央国务院在《关于教育工作的指示》中提出：“教育必须为无产阶级政治服务，教育必须与生产劳动相结合。”根据这一方针，20 世纪五六十年代的教育为我国社会主义建设及其产业工业化培养了大批专门人才。“文革”期间，“四人帮”篡改了党的教育方针，将掌握文化科学知识和培养劳动者对立起来，这种极“左”的思路否定了课堂教学的作用，大肆宣扬以干代学，结果使教育与生产劳动越来越分离。党的十八届三中全会之后，教劳结合又被拨回正轨。1993 年颁发的《中国教育改革和发展纲要》和 1995 年颁布的《中华人民共和国教育法》，又重新将教劳结合确定为我国的教育方针，教劳结合成为当前及未来相当长时期内处理教育与产业关系的总方针。

高等教育“适应论”是主张大学或高等教育主动适应社会发展的代表理论。国内“适应论”的代表性观点是潘懋元先生（厦门大学高等教育科学研究所名誉所长、全国高等教育学研究会理事长）基于系统论和对规律的认识而提出的“两个规律论”。按照系统科学的观点，社会是一个大系统，在这个大系统中，有经济、政治、文化、教育等子系统。教育作为一个子系统，与整个社会大系统及其子系统之间，存在内在的相互作用的必然联系；同时，教育作为一个特殊的社会子系统，其内部涉及教育目的、教育功能、人的发展、教学、学校管理等多维的基本矛盾与关系。而且，教育系统的内部

和外部是相互关联的。从对规律的认识看，规律是事物内在的及其与另一事物之间的必然联系。列宁在其《哲学笔记》中指出："规律就是关系，本质的内部关系及本质与本质之间的关系。"据此，潘懋元先生提出了教育的（外部关系和内部关系）两条基本规律。教育的外部关系规律是指教育与经济、政治、文化等社会子系统的关系，即教育必须与社会发展相适应。适应一方面指教育要受一定社会的经济、政治、科学文化所制约，另一方面指教育必须为一定社会的经济、政治、科学文化服务。教育的内部规律是，社会主义教育必须培养全面发展的人，或者说，社会主义教育必须通过德育、智育、体育培养全面发展的人。教育的外部规律与内部规律是相统一的，教育内部规律要受教育外部规律所制约，教育外部规律要通过内部规律来实现。

与高等教育"适应论"针锋相对的保守性观点是大学应该批判并适当远离社会。大学批判社会，意味着社会在很多时候是"错的"，需要大学的理智和良知去发现、指明和纠正这些错误。大学适当远离社会，说明大学有其独立性和行动逻辑，大学理应按照自己的规律和方式去服务社会，而不是毫无章法地满足社会欲望。

大学具有超越性，不断在保守中寻求超越。张楚廷先生（中国当代教育家、哲学家、思想家）指出，大学既是保守之产物，亦是超越之产物。在学校诞生千余年之后才出现大学，大学在小学、中学之上，大学的出现本身就是教育对自身的一次超越。同时，大学仍然是教育的一部分，它天然具备教育的保守，始终坚持保存、保全和坚守自己所创造的知识，只不过这种知识是更具超越性的高深知识。保守与超越就像人学的一对孪生姊妹，大学正是在其保守性中得以不断超越的。

大学不仅能做到超越时下，超越时限，超越时代，还能反向超越，探究遥远的过去。大学可以超越实用，而不仅仅以应用为目的；超越既有，质疑并修正现存公认的真理；超越实际，而不完全停留于或离不开实际的现象；超越"规律"，凭借人的意志去发现、转移和影响规律；超越自身，突破人的感官、经验和意识，改变大学的传统和惯性。

比大学适应社会更激进的观点是，大学要融入社会。现代社会的分工与合作日益深化，终身教育理念和学习型社会正更多地从理念转变为事实，教育与社会的关系也越发紧密，传统的政治、经济、文化系统和教育系统之间的边界早已被打破，教育和社会各子系统之间形成了一种"你中有我、我中有你"的状况。在这样的背景下，大学与其去寻求适应、超越或批判社会，不如主动融入社会，灵活自由而又自然地为社会的运转贡献自己的力量。

第三节　作为人才需求方的企业

近两年逐渐有学者开始关注湾区经济的内在规律。伍凤兰（深圳大学经济学院教授）等（2015）将湾区经济的发展动力总结为基础性动力、内生性动力和外源性动力三方面。通过对世界典型湾区经济的分析，归纳出湾区经济经历的四个发展阶段：港口经济阶段（1950 年前）、工业经济阶段（20 世纪 50—80 年代）、服务经济阶段（20 世纪 80—90 年代）、创新经济阶段（20 世纪 90 年代以后）。熊雪如（宝安区发展研究中心博士）通过梳理环珠江口湾区文化演变历程，挖掘其对经济发展的影响机制，大体分为三个阶段：唐代以前的港口文化、唐代至改革开放的海洋文化及改革开放后的湾区文化。而随着海上丝绸之路推动，湾区文化伴随着人口跨区流动、制度开放创新、国贸关联互动、跨区交通互联互通四条路径得以融合发展。马忠新（深圳大学经济学院博士）、伍凤兰（2016）梳理了国内五大湾区对外开放的历史和现状，应用主成分分析法对各湾区贸易开放度、投资开放度、旅游开放度进行测算，发现我国对外开放具有显著的湾区开放特点，其中环珠江口湾区综合开放度最高，经济增速、人力资本、文化包容及基础设施便利性等因素决定了湾区经济的开放格局。

一、企业在校企合作协同育人中的主体意识

企业除了具有企业基本职能以外，还被赋予新的职能。第一，企业可扮演大学角色。企业可通过企业性大学成为教育者，国内典型的案例有中国移动管理学院、中国联通学院、中国电信学院等，企业大学隶属于各自的通信有限公司。它们对外承担着信息产业部管理下的全国高中级管理人员培训任务，为邮电企业培养人才；对内面向全体员工开展企业战略、企业管理，推动企业转型变革等任务，成为企业知识管理平台和共享创造价值平台。企业此时开展的是传递业界信息、传授经验、推广技术，起到的是知识传播、技术推广的教育职能。第二，企业可转化为知识创造型企业。所谓知识创造型企业，日本管理学思想家、知识管理之父野中郁次郎教授研究认为，在经济环境中，知识是企业获得持续竞争优势的最可靠源泉。同时快速开发出新技术、新产品的企业称之为知识创造型企业，即可快速将技术商品化的企业。

知识创造型企业最典型的特征是可持续创造新知识，并将新知识迅速扩散至整个组织。第三，产教融合，强化企业重要主体作用。推进产教融合新阶段、新时期，深化产教融合意见指出“鼓励企业以多种方式参与高校专业规划、教材开发、教学设计、课程设置、实习实训，促进企业需求融入人才培养”，企业承担教育的功能又进一步得到深化。

企业主体意识是企业作为经济活动主体对自身特性的自觉认识。企业具有主体意识，就意味着该企业认识到自己同其他企业的区别，认识到本企业的特殊地位和作用，认识到企业主体的权利、责任和义务，并能展望企业的发展前景。于是，企业就以主体的姿态面向市场，自觉地按市场规律办事，自觉地根据自身特点扬长避短，充分地发挥企业的主体性作用，在创造商品价值的同时，也创造自身的价值，使企业在商品经济的海洋中搏浪前进。

自主意识是企业关于自主活动的自觉认识，是企业主体对自身在市场关系中自主地位的确认。企业改革的目标是培育企业主体，使企业成为自主经营、自负盈亏、自我发展、自我约束的法人实体。企业拥有包括国家在内的出资者投资形成的全部法人财产权，享有民事权利，承担民事责任。这就为国有企业充分享有经营自主权提供了政策保障。但这只是企业自主活动的外部条件。外因要通过内因才能起作用。为什么在同样的环境下，有的企业自主性发挥得比较好，企业搞得比较活，而有的则不然呢？关键在于企业本身素质的差异，其中的一个重要原因是企业自主意识的差异。有的企业在思想上具有主宰自己命运的强烈意识，在市场经济的风浪中拼搏奋进；而有的企业在效益好时找市场，在效益差时找“市长”。由于这种差异，在同样条件下的不同企业，就会出现不同的状况，前者会为自己开辟出一片蓝天，后者则免不了陷入困境甚至破产。

企业自主意识的前提是企业要享有自主权。企业没有自主权，就没有自主活动，也就无从谈起企业的自主能力。企业有了自主意识，就会把自身当作真实的权利主体，自觉地获取和运用自主权利，而不是把权利视为外在于自我、压抑自我的异己势力。如今，中央政策已经赋予企业不少自主权，问题是有些企业并没有很好地运用这些自主权。例如，某工业企业机关闲散人员多，一线工人劳动纪律松懈，经济效益自然差，新任厂长很想在用工人事制度上进行一些改革，可是行不通，因为很多人有后台，不是原任厂长的关系就是副厂长的亲属，或者是对口企业的关系，“牵一发，动全身”，只好维持现状，任其自然发展。原因在哪里呢？主要原因还是在于企业领导人缺乏自主意识。有了企业自主意识，就会突出企业的主体地位，把企业发展看作第一位，就能运用企业自主权制衡纷繁复杂的人际关系及企业间的关系，从而牢牢把握企业发展的主动权。

企业自主意识是一种充满主人翁责任感、使命感和义务感的自觉意识。具有自主意识的企业，不仅能使企业足够意识到本企业作为市场经济的一员在经济生活中应享有的权利，而且能够意识到企业的社会责任及存在价值，从而大大激发企业主体的积极性、主动性和创造性。企业自主意识的增强又必然会形成一股无形而巨大的凝聚力、向心力，使企业职工心往一处想、劲往一处使，使个人感觉到能成为这个集体中的一员而引以自豪。这是一种精神力量，不是用提高工资、奖金或其他物质手段可以换来的。这种精神力量可以转化为物质力量，使企业在同样的物质基础上创造出更多的客观价值。

二、企业在校企合作协同育人中的责任权利

只有校企双方都有合作的意愿和行动时，学校和企业才有合作的可能。从校企合作的内涵来看，企业不仅是校企合作的一个主体，而且是主体中的主要参与者，地位和学校相当。但是在现实中，客观地存在“校热企冷”的现象，大多数的企业负责人都认为，企业没有承担职业教育的办学义务，也没有与学校共同培养人才的责任。因此，目前只是少数的企业参与到校企合作的人才培养中，还远没有形成气候，而已经与高职院校合作的企业在合作的过程中也还没有实现制度化和规范化。笔者在学校调研时，学校主任谈道：“企业由于利益的关系，与学校合作培养专业技术人才的兴趣不大，而企业内高技能的专业技术人才到学校担任实训教学或是专业教学任务又不太现实，其实最主要还是体制和机制的问题……”

中华人民共和国成立初期，在学习苏联教育制度的大环境下，附属于行业主管部门的中等专业学校和技工学校迅速发展起来。但是随着经济体制的改革，由行业主管部门举办的中等专业学校大多数划归到教育主管部门，与行业企业的联系逐渐削弱，这些中等专业学校或是技工学校在自身发展的基础上，升为高等职业学校或学院，虽然学校的行政级别有了提升，但是学校和企业间的联系并没有因此而增强。企业是校企合作中必不可少的主体，但是企业这个主体在校企合作系统中应有的地位和功能还未确定。有学者认为在校企合作中，企业扮演的角色是合作者；也有人认为，企业是校企合作中的动力；还有学者提出“双主体”的概念，认为校企合作过程中，学校和企

业是必不可少的、地位平等的双主体，可以实行双院长、双系主任，教师团队实行混编，在校长和企业家融合、教师和企业专家融合、学生和企业职工融合的基础上，实现教学标准与技术标准的融合、教室与工场的融合、毕业标准和用人单位标准的融合、企业文化与校园文化的融合。笔者认为，企业在校企合作的过程中应该成为与学校平等的主体，共同参与人才培养，享受对等的权利和义务。

企业参与校企合作的积极性需要通过校企合作的制度规范来实现。社会组织分为政府型组织、非营利性组织和营利性组织。其中，营利性组织和非营利性组织的行为规则和利益诉求是不一样的，在市场经济条件下，企业作为营利性组织，有追求利润最大化的目标，因此在校企合作中往往出现趋避现象。只有企业拥有权益的制度保障和实现利益诉求，在市场经济的今天，才能调动广大企业参与高职院校校企合作的积极性。

企业会主动参与到校企合作中来，除了有政府的导向作用之外，更重要的是因为想要在合作中获取高素质的人才和先进的技术。企业作为社会市场经济发展的主体，经济效益是其追求的主要目标。企业的核心竞争力是通过高素质技能人才先进的企业文化和管理系统来获得的，企业要发展就必须引进高技能人才来充实企业各个部门，使企业的生命力更加旺盛。校企合作则刚好为企业提供了培养和选用高技能专业人才的平台。企业通过参与校企合作而参与到学校人才培养方案和课程的设定中来，并直接参与订单班的教学和管理。同时企业也因此有机会参与到学校的科研项目中来，利用学校人才方面的优势研究、创新出企业发展所需的新技术，这样一来企业技术和人才的困境就都迎刃而解了。

校企合作不单单是学校和企业的双方合作，更需政府的参与。政府作为国家的行政机关，在校企合作中扮演着协调各方利益、保障各方利益的角色。政府不仅通过制定一系列的法律法规为企业利益的实现提供强有力的法律后盾，而且还通过政策上的倾斜和奖励为企业利益保驾护航。同时，企业作为校企合作参与的重要一方，在合作的过程中会对学校人才的培养和科技创新产生重大影响和导向，这本身就在一定程度上保障了企业利益的实现。

企业作为市场主体，同样属于社会有机体的一部分，因此必须承担必要的社会责任。我国政府相关条例中规定，国有大中型企业必须履行相应的社会责任。其中，教育责任是企业社会责任的重要组成部分。企业参与到校企合作中来为社会培养了高素质的人才，为社会经济的发展提供了保证；促进了科技创新，为社会的发展提供了动力；促进了学生就业，为经济的发展提供了稳定、和谐的社会环境。企业通过参与校企合作对社会所做的贡献不仅实现了企业的社会责任，而且还为企业塑造了良好的社会形象，赢得了社会的声誉，从而提升了企业自身品牌的内涵和影响力。

三、行业组织在校企合作协同育人中的协调作用

企业参与职业教育、企业承办职业院校、“校企合作”、“工学结合”，等屡见不鲜，而行业组织深入参与职业教育案例却很是罕见。职业教育顺应行业、企业的发展而衍生，职业教育的合作主体仅有企业，远不能满足。行业组织作为众多企业的联合体，其目光更远、视野更宽，更能把控整个行业的人才需求，培养“出门应辙”的人才，职业教育更急需行业组织的参与。

（一）职业教育需要行业组织共享信息

人才培育离不开行业组织“零对接”信息，它是培养合格人才的重要依据。职业教育急需行业组织提供当前培养的人才是否满足行业、企业需求的真实信号。

（二）职业教育需要行业组织共育人才

职业教育的人才培养任务重大，行业组织参与是现代职业教育发展的内在要求。人才培养模式的构建、人才培养标准、人才资格认证等都有赖于行业组织的融入。人才培养质量评价是职业教育的关键环节，更需要独立的评价机构、行业代表、企业代表、社会团体等多元参与、多方联动。

（三）职业教育需要行业组织共建专业

职业教育专业建设包括教师培训、基地建设、人才培养方案、教学设备与设施、课程教材体系和质量评价体系等，专业建设要树立市场意识，考虑学生的适应性。专业建设水平制约着人才培养质量，专业建设需要行业组织的深度融合。

行业协会是指介于政府、企业之间，商品生产业与经营者之间的非营利性组织，并为其服务、咨询、沟通、监督、公证、协调的社会中介组织。行业办学是我国职业教育的历史传统，能够为职业教育的发展提供动力和支

持。在我国市场经济体制转型后，行业和职业学校这种二位一体的关系被破坏，不少行业协会把原先承办的职业学校剥离了出去，这直接影响到职业教育的发展。

早年颁布的《职业教育法》中就明确提出，行业组织和企业、事业单位应当依法履行实施职业教育的义务。2002 年教育部、原国家经贸委、原劳动和社会保障部联合发文，提出要充分依靠行业和企业发展职业教育与培训中的作用。2005 年的《国务院关于大力发展职业教育的决定》规定行业主管部门和行业协会要在国家教育方针和政策指导下，开展本行业的人才需求预测，制订教育培训规划，组织和指导行业职业教育与培训工作。2010 年 7 月公布的《国家中长期教育改革和发展规划纲要》中明确指出，职业教育发展要建立健全政府主导、行业指导、企业参与的办学机制。“行业指导”体现了国家对行业在职业教育发展方向上的定位，大大增强了行业在职业教育发展中的地位。尽管国家意识到了职业教育发展需要行业组织的支持，在法律和政策性文件中也提到了行业在职业教育发展中的重要性，但是没有出台对行业的责任、权利和义务的实施细则和评价体系。在现实中，行业组织也一直没有获得高职教育的实际指导权，在教育主管部门和高职院校间处于一个尴尬狭窄的“夹缝”里。

行业协会是连接学校和企业间的桥梁，在高职院校的校企合作中应发挥重要作用。行业协会是职业资格标准的主要制定者，可以传播行业的市场信息，参与职业院校培养目标的制定。校企合作的整个过程就是在行业协会的指导下，学校和企业联合，在政府的主导作用下，多方合作，共同培养人才的过程。

第四章 校企合作协同育人运行机制设计

第一节 校企合作协同育人的系统论阐释

早期的教育、人文合作促进了粤港澳三地的初步融合发展。三地同根同源，区位接近，语言相通，风俗习惯相近，为深化粤港澳教育、人文、科技、人才等合作提供了良好的基础条件。早在 20 世纪 90 年代，国内学者就意识到加强粤港澳教育合作的重要性，认为粤港澳三地有必要在教学体制、科研资源、高教理论研究、联合办学等方面相互借鉴、取长补短。随着港资企业深入内地办厂，大量的企业管理人才、专业技术人员、金融人才涌入珠三角各地，粤港澳教育、人才合作开始蓬勃发展，同时，对内地相关管理、技术和生产人员的培训工作也广泛开展，并取得了明显成效。

在社会主义市场经济体制下，校企合作体系的构建不仅极为复杂，而且具有极大的不确定性。校企合作体系是一种社会建制，社会建制与人造物体的本质区别在于后者可以完全根据人的意愿进行建造，甚至建造出来的产品与最初的设计达到非常高的吻合程度；前者是通过人的相互作用过程来实现的，这决定了它是一个极不确定的动态过程，我们可以提出一个社会建制的构建计划，但最终结果如何往往很难确定，甚至会出现朝相反方向发展的情况[1]。因此，对我国而言，应该明确认识到，职业教育校企合作是一种完全的市场行为，这是我们必须尊重的事实。在职业教育办学实践中，要改变传统的“拉郎配”方式，必须尝试构建一种校企合作的长效机制。

---

[1] 徐国庆．从分等到分类——职业教育改革发展之路 [M]．上海：华东师范大学出版社，2018：145.

一、校企合作机制的结构设计

从职业教育早期校企合作的“工学交替”“工学结合”模式，到“订单式培养”“产学研结合”模式，校企合作机制走过了一个漫长的发展成熟期。校企合作机制的基本要素构成由最初的学校、企业、政府发展到了政、行、企、校四方协同的育人机制，同时，校企合作要服务区域经济社会发展，要以服务社会、提升社会整体发展水平为己任。要实现校企合作的功能和目标，还需要有一系列的法律政策来规范和保障。这意味着校企合作机制的创新和优化是一个系统工程。

校企合作机制是由学校管理者、教师、学生、行业协会、企业等多方要素构成的综合系统，缺乏任何一项要素的配合，这个系统就不能实现协调的运作和发展。系统论的基本方法，就是把所研究和处理的对象当作一个系统，分析系统的结构和功能，研究系统、要素、环境三者的相互关系和变动的规律性，以系统的观点看问题。综合校企合作机制的成熟过程及对其长远发展的支撑要素进行分析，笔者认为校企合作机制系统的要素构成分为实体系统和概念系统两大类。

校企合作机制系统内科学的组织结构是指由政府统筹行、企、校，行业联系企、校，校、企切实合作保证机制落地实施。政府位于组织结构的第三层级，行业位于组织结构的第二层级，校、企是组织结构的第一层级。为发挥第一层级的作用，政府可以统筹行、企、校成立产学合作委员会，由校、企合作四方育人的政、企、行、校代表组成。

首先，产学合作委员会要为推动校企合作制定原则、政策、规章制度，为校企双方制定具体的激励措施。其次，产学合作委员会要定期负责组织行业、企业和学校，分阶段推动校企合作，并对合作中涉及的专业教学、师资队伍、实习实训等具体问题进行磋商。为发挥第二层级的作用，行业可以统筹企校组成职业教育集团、校企合作指导委员会、行业职业教育教学指导委员会。校企深度融合的最终方向是走集团化办学之路，职教集团要发挥核心学校的作用，整合多方力量，在集团成员内部实现资源共享、优势互补、合作发展。要通过集团章程明确规定集团成员的权利和义务、集团成员之间矛盾和分歧的解决程序与途径，增强集团成员的合作动机，协调集团成员的合作关系。校企合作指导委员会工作重点在于组织区域内企业与院校合作，解决企业的人才需求和长期储备问题。引导企业树立“合作办学、合作育人、合作就业、合作发展”的合作理念，通过与院校合作，为地方经济发展提供强有力的技能人才支撑和保障。行业职业教育教学指导委员会工作重点在于组织院校广泛调研企业的用人要求和数量，以实际岗位的职业能力要求来制定人才培养方案、培训师资队伍、建立实习实训基地，真正彰显职业教育在社会生产中的地位。

校企合作机制的最终落地在于校企之间的双向沟通和密切合作。校企之间可以通过建立产学合作办公室、产学合作工作站、校企合作基地来解决这些实际问题。产学合作办公室设在学校，主要由学校和合作专业归属的二级学院办公室组成，通过组织校企主题活动、协调校企关系来促使合作机制落地实施。产学合作工作站和校企合作基地主要设在企业，学校为辅助地，例如，设立校中“厂”等。产学合作工作站和校企合作基地要研究区域经济发展现状、区域企业发展趋势和人才储备要求，为企业的技术研发、员工培训和院校的人才培养提供理论知识与实践技能对接的平台。如 2015 年 1 月景德镇陶瓷学院在黎川县陶瓷企业成立的“景德镇陶瓷学院产学研合作黎川工作站”，其主要目的就在于通过技术研发提升当地陶瓷产品的科技含量，同时提升陶瓷学院的人才培养质量水平。

二、校企合作机制的动力设计

高职院校校企合作动力机制的形成既是高职院校自身发展的要求，也是企业健康持续发展的需求。高职院校处于复杂的社会环境之中，与大环境息息相关，因此，发展高职院校需要从大环境中汲取和吐纳多种元素，如生源、设备、设施、老师、信息等，在高职院校里面，将汲取的大环境中的元素与校内的教学、实验等进行消化、转变等，然后再输送给社会各个领域（包括成果、人才、信息等在内的服务和产品）。企业作为社会这个大系统中的一个子系统，它主要的职能作用于生产领域，输入进来的元素涵盖了多重物质方面的资源，如加工的对象和设备等；企业还必须引入人力资源以实行正常的生产活动、营销活动等，需要大量的信息资源来指导企业进行生产活动、营销活动，同时还需要技术资源来引导企业进行生产活动、营销活动。综上所述，物质资源、人力资源、信息资源、技术资源都是在企业中经过一系列的运作过程，将服务与产品输入给社会各领域。

高职院校、企业既是相对独立的两个个体，同时这两个个体之间又相互作用，共同存在、共同发展。因为高职院校输出的人才、科研成果及信息和技术，恰好是企业所需要的。高职院校输出的人才、科研成果、信息和技术正好满足了企业的输入要求，而高职院校自身的发展也需要从企业那里获得资金和项目的支持，同时也需要企业为高职院校学生提供实习及实训的基地，因此，高职院校和企业之间客观上存在着合作，双方自然有一种联系与沟通。高职院校输出的人才、科研成果及信息和技术可以直接成为企业中的输入要素。企业获得人才、科研成果及信息和技术后，通过自身的转化过程，向社会、市场推出新产品和服务以获得更大和更多的利润。同时企业向高职院校投入科研经费，为科研成果的转化提供试验基地等。所以校企之间的彼此需求构建了相互合作的良好平台，这个平台是校企双方合作的前提与基础。当然要想让高职院校、企业之间更好地结合在一起，除了强调供需关系，构建良好、有效的平台之外，更要加以重视大环境对其内部的作用与影响，才能使效益最大化、利润最大化。

从高职院校方面讲，校企合作的动力被划分为内在动力和外在动力，内在动力指的是教学质量的提升、科研项目的开发、师资队伍的建设、办学条件的改善、资金的获取等。针对以地方财政拨款为主要资金来源的公办高职院校来说，其合作的经济动力并不强劲，其内在动力主要表现在与人才培养密切相关的教学、科研和师资结构优化上。对于民办高职院校而言，它们的资金主要来自企业的资金、学生的学费，所以它的办学实质必是以营利为目的的，所以其在推动学校经济发展、培养高能力的实用型人才上的动力都很强大。外在动力指的是如今中国的高职教育生源逐渐变少，所以高职院校的外在动力均放在教学质量的提升与高素质人才的培养方面，为企业输送高技能的应用型人才。在高职院校的层面上，高职院校渴望与企业合作，然而，因为内部的教师在校企合作方面缺乏相应的保障制度、激励制度，所以教师对于校企合作的内动力不足。

从整体上来看，在校企合作中，高职院校动力表现强劲，因此，高职院校在校企合作中应采取积极主动的态度，改变曾经的被动思想，不再一味地等待、依靠与索取，要以企业的经营为基准，为企业分析人才管理，做好人力资源部的参谋，同时帮助企业制订相应的人才培养方案。学校积极服务于企业，将自身的教育与企业的发展有机地结合起来，调动双方的积极性，让双方在合作中取得良好、健康的发展。

企业的合作动机随着不同的校企合作形式而动态变化。在浅层次的校企合作，如建立实习基地、成立行业指导委员会等形式中，企业的主要动机更多体现为非经济色彩的感性动力上，如增强自身社会责任意识、提高自己的公众意识。而在校企合作的深层次中，重要的是拉动经济的发展，为人才提供支撑的平台。比如，订单式，企业以订单的方式培养出人才，来适合企业发展的需要，从而减少了其在用人方面的成本，提高经济效益。而且，企业和学校在平等互利的基础上进行科研，企业在付出资金的同时得到了相应的知名度，使企业在激烈的市场竞争中立于不败之地，从而得到了稳定的经济效益。由此可见，企业应改变减员增效的发展战略，与高职院校合作，对企业员工进行培训和转岗。企业甚至可以利用学校的土地兴建自己的厂房、设施，以学生为实习员工，从而使人力成本大大地降低，这对于学校而言，也添加了教育资源，培训了人才，保障了学生的就业，因此这一举措真正提高了双方的合作效益。同时，我们也要看到，在企业动力方面还存在着不足。因为公众还远远没有意识到企业要为公民承担社会责任，而企业也没有很好地形成自觉承担社会责任的意识。这些都是导致我国目前校企合作的外力相对缺乏的重要原因。

三、校企合作的利益分配机制设计

长期以来，我们将职业教育校企合作的症结归结为企业参与职业教育人才培养的积极性不够，但很少有人深究企业为何缺少积极性。职业教育校企合作不仅是一个教育问题，而且是一个经济问题。实际上，真正意义上的校企合作问题是伴随着我国经济体制改革而出现的。在计划经济体制下，中专学校多由行业部门举办，技工学校多由国有企业举办。通常，职业教育校企合作在组织内部就可以解决。而到了社会主义市场经济体制阶段，为了激发企业的市场活力，我国进行了一系列改革。一方面是教育管理体制改革，即将原来隶属行业部门管理的学校划归教育部门管理，另一方面加快国有企业改革，减轻国有企业负担，去除包括教育在内的企业非生产性功能。上述一系列改革，使得职业教育校企合作失去稳固的组织基础。自此以后，企业变成完全的经济实体，不再承担教育责任，因此，校企合作的意愿并不强烈。而职业学校由于人才培养需要，只能依靠私人关系、政府牵线等方式，去市场中寻求校企合作企业。因此，在社会主义市场经济体制下，校企合作的关键问题是，我们如何重构学校与企业之间的关系。

对此，我们提出以下几点改革举措：一是拓宽合作领域，寻找利益结合点，明确校企双方的责任义务。职业院校应当根据自身特点和人才培养需要，主动与具备条件的企业在人才培养、技术创新、就业创业、社会服务、

文化传承等方面开展合作。学校积极为企业提供所需的课程、师资等资源，企业应当依法履行实施职业教育的义务，利用资本、技术、知识、设施、设备和管理等要素参与校企合作，促进人力资源开发。二是通过改革绩效工资制度，调动学校内部人员参与校企合作的积极性。长期以来，绩效工资制度不但没有提高职业院校教育教学工作的效率，反而在很大程度上挫伤了职业院校教师工作的积极性、主动性与创造性。在不少职业院校中，绩效工资制度甚至重新回归“平均主义”，助长了学校管理者的“懒政”思维与消极怠工。对此，校企合作中，学校可从中获得智力、专利、教育、劳务等报酬，具体分配由学校按规定自行处理。三是通过经济手段调动企业参与职业教育校企合作的积极性。在开展国家产教融合建设试点的基础上，建立产教融合型企业认证制度，对进入目录的产教融合型企业给予“金融 + 财政 + 土地 + 信用”的组合式激励，并按规定落实相关税收政策。试点企业兴办职业教育的，可按投资额的一定比例抵免该企业当年应缴教育费附加和地方教育附加。四是厚植企业承担职业教育责任的社会环境，推动职业院校和行业企业形成命运共同体。与西方相比，我国现代意义上的企业发展历史很短，其参与职业教育的社会意识与文化也需要较长的培育过程。

四、校企合作机制的内外部运行机理设计

一般情况下，大家只看到了校企合作的主体包括学校、企业，往往忽视了“政府”这个隐形的主体。高职院校为社会培育人才实际上就是在执行政府的公共事业职能。那么作为政府，在校企合作中理应充分发挥自己的重要职能，担当相应的责任，为校企合作的顺利开展营造良好的社会环境、提供相应的政策支持，所以政府也是校企合作中必不可缺的主体，其角色与作用不可代替。《中华人民共和国职业教育法》虽然为职业教育制定了基本的原则性结构，然而还是缺少具体的细节。相对于德国、澳大利亚、英国等国家政府在职业教育方面制定的可操作性的政策、法律、法规而言，我国的校企合作在具体激励政策和保障机制方面还有可提高的很大空间。总之，要使校企合作获得长足发展，必须加强与完善政府在此方面的职能，完善相关政策、法律、法规。

从表面上看，利益驱动机制虽然比权责约束机制更有利于调动企业的积极性，但如果缺少权责约束机制的话，很可能会导致企业在校企合作中的不作为，甚至还会规避因此带来的处罚。很明显，这不但无法让学校与企业的

合作关系更加稳固，还会形成合作关系的形式主义。因此，权责约束机制与利益驱动机制并存才能最大限度地激发企业参与合作的动力。这里的权责约束机制除了指政府对学校和企业行为的约束外，更主要的是指学校和企业之间的相互制约关系[1]。

在实际运作中，若要保证校企合作的顺利开展和健康发展，就得有相应的约束，才能保证校企合作的规范化进行。这种约束除了国家法律、制度和道德的约束外，最为重要的是校企双方的有关制度和协议的约束。学校和企业可以从三个方面入手来制约对方：其一，在合作开始之前，要制定与完善校企合作的工作制度和措施；其二，要健全与完善规范的合作协议文本，明确双方的责任和利益；最后，在合作过程中，双方应自觉遵守各项制度与协议并加强沟通交流，如果有违反制度与协议的情况，就要严格按照事先约定的条款进行赔偿和处罚。

政府作为高职院校校企合作的主导者与推动者，在利益保障机制的建立过程中起着非常重要的导向和支撑作用。政府要建立、健全校企合作的利益保障机制，建立政策保障机制和资金保障机制。一方面，在政策保障上，地方政府可以建立组织管理协调机构，如成立校企合作指导委员会等，同时加强对相关法律法规及政策的修订和完善；另一方面，在资金保障上，政府应将高职院校校企合作纳入公共财政预算范围，设立高职院校校企合作专项资金，建立中央和地方按比例分担合作经费的保障机制，以便建立高职院校校企合作的公共财政投入的长效保障机制，最终推动校企合作健康、稳定地发展。

第二节　校企合作协同育人的阶段安排

一直以来，中央高度关注并支持粤港澳教育、人文合作，随着 CEPA 协议和《粤港合作框架协议》的签署，建设最具活力和影响力的城市群成为粤港澳大湾区合作的主要目标。2019 年 2 月，中共中央、国务院印发《粤港澳大湾区发展规划纲要》，标志着粤港澳大湾区战略合作正式推进。国家对于粤港澳大湾区教育融合发展出台的一系列政策，极大地推动了三地合作发展。

[1]　吴建设．高职院校校企双赢合作机制的理性思考 [J]．黑龙江高教研究，2015，01：49-51.

一、启动阶段机制设计：筛选与信任

新公共管理理论的“工具理性思维”突出体现在注重将经济管理领域的优良方法和经验借鉴至政府的公共管理领域，如将强调事先规划与部署、注重事后绩效监督等经营活动的管理思想与方法运用于具体的行政与公共管理实务之中，以此实现公共管理的高效率目的。新公共管理以“实用”为根本目标，从政府所承担的公共服务职责观之，所有基于工具理性思维施行的“实用性”公共管理行为其实都是在一定的“公共性”理念的指引下开展的，即在科学的公共管理价值观的指导下，借鉴部分经济管理实用经验开展具体的公共管理实务。

全国高校的普通联合培养工作也在60余年的历程中积累了丰富经验，国家和地方应在借鉴已有经验的基础上，秉持服务经济社会发展、服务研究生创新精神和实践能力培养、服务科教结合和产教融合的指导思想制订全国联合培养招生计划分配方案。

坚持“三结合”，既要考虑高校的办学层次、科研院所的平台与团队质量，又须综合考虑国家需求、区域协调与行业特色等因素，并结合协同创新战略的高端人才需求方向，在综合论证基础上分配联合培养招生计划；坚持“两原则”，既要坚持“扶优扶强”的原则，使政、产、学、研等组织的优质资源集中于优势学科专业，联合培养优质高端人才，又要坚持“分类管理”原则，根据联合培养的层次与需求，从博士与硕士、文史类与理工类、学术型与应用型、基础研究类和应用研究类等维度确定相应的测算指标。

现在，学校与企业的合作现状就是热潮在学校。许多学校为了培养更多的人才，也为了让学校发展得更好更长久，通常都会直接与企业连接，确立长期的、深入的合作形式。在双方合作的过程中，企业起到了决定性的作用，也是双方合作的绝对支柱，企业在合作中所表现的态度与热情将会对双方合作的成效产生很大的影响。企业加入合作的热情将会直接关系到双方合作的顺利实施，但是现实往往与预计有一定的差距，企业通常并不会积极主动地投入到双方的合作中。

由于长期以来人们受到历史文化传统的深远影响，没有正确认识到职业教育的重要性，觉得这种教育并不合格，不能给学生带来美好的明天，所以这种偏差严重影响了高职教育的健康发展。因此，为了消除人们对高职教育的偏见，帮助更多人了解职业教育，并让他们自愿地参与到高职教育中来，政府就必须从政策和制度层面上加大对高职教育的正面宣传，用更多的优惠政策支撑高职教育的人才培养力度，帮助它们招揽更多的优秀学生，以推动高职教育的稳健良性发展。

同时，高职院校也要不断地提升教育质量，让教育更有特色。这是学校教育的根本，也是让企业参与合作的原动力。并且，高职院校同时应该注意到，学校与企业的合作是一种利益相互交替的关系，所以，学校不仅要以自身的实力吸引企业的眼光，也要用利润推动企业的发展，还要以正确的方式让企业不再担心后期的隐患。例如，从学校、企业、学生与学生家长中找出相关的代表形成学校的管理组织，以对顶岗实习学生进行有效管理，消除企业参与校企合作的隐忧。

在如今的市场经济发展的洪流中，企业在经济活动中是一个参与者，因此其主要的目的就是获取更多的经济收益。所以，想要让企业在合作中投入更多的热情，让企业更主动地参与培养人才的重任，国家与当地的政府就要公布一些相关的政策来推动企业的参与。例如，对于那些参与了合作的企业，他们在贷款的时候可以得到一些优惠，税收也可以适当减免，并且，利用一些实质性的优惠方式，让那些企业可以收揽更多的学生到企业中参加实习。高职教育培养人才不是单一性的工作，一定要得到企业的支持与帮助，政府与教育机构先要顾虑到企业所能形成的经济收益，才能最大限度地激励企业广泛参与到校企合作中来。

从合作主体来看，大湾区教育合作主体从企业、政府向企业与政府联合方向发展，社会中介组织日益成长，并推动大湾区合作的深化。随着大湾区经济和创新能力的增强，粤港澳科技合作模式也从原来的单向输出逐步向协同发展转变，三地互动频繁，合作空间不断拓展。其中，粤港澳职业教育联盟、大湾区大学联盟、大学科技园联盟等教育和科技联盟组织相继出现，在粤港澳三地政府的引导和支持下，起到了推动三地科研院所、高校、企业、社会团体等联合开展科研创造性活动的重要作用。在合作的资金保障方面，2009 年广东省设立粤港共建创新平台专项资金，用以支持两地高校和科研机构建立联合研发中心，推动创新科技合作。从合作内容与手段上看，2017 年 3 月，深圳市、东莞市通过人才补贴、提供人才公寓等方式吸引国际化人才，积极推进粤港澳地区合作，推动人才培养和产业研发协同发展；2019 年 5 月，珠海市与澳门科技大学签署框架合作协议，对区域教育、合作办学、科技合作做了进一步规划，合作设立建筑、医药国家重点实验室，完善科技成果研发体系，打造粤港澳优质教育和创新中心。

二、运行阶段机制设计：配置与激励

企业需要的是人才，而且是高素质、实践能力强的人才，这样才能让企业快速发展。在企业看来，人才的优先选择权是影响其参与校企合作的一个关键因素。因此，为了吸引企业积极地参与校企合作，学校一定要先思考企业需要的是什么样的人才，让企业可以选择自己需要的人才，让企业获得优先录取优秀学生的权利，从而真正提升企业的市场竞争力。

学校与企业合作的时候，双方都应该将人才的优势发挥出来，让人才可以形成共享。一方面，高职院校应该对企业加深了解，经常培训企业的员工，进行各种讲座活动，让其业务水平不断提高，同时，学校还可以让企业的一些员工接受特别的培训，让他们可以继续深造，为推动企业的可持续发展作出应有的贡献；另一方面，企业可派自己出色的实践工作人员到教育机构兼职，给学生传授实践中所要注意的各方面问题，帮助学校举办各种实践性的活动，同时加入学校教学方案的建设与课程的规划等工作中。

要形成中国特色的职业教育校企合作法律法规体系，除修订和完善《中华人民共和国职业教育法》外，还必须对其他部门的法律法规如《中华人民共和国劳动法》《中华人民共和国劳动合同法》《中华人民共和国企业所得税法》《工伤保险条例》及各种企业法等加以配套修缮。在《中华人民共和国劳动法》中，应当规定学生在与企业签订实习合同或学徒合同后，便受《中华人民共和国劳动法》保护和制约。在《中华人民共和国劳动合同法》中，应将学生实习合同和学徒合同纳入劳动合同中，在合同订立、履行和变更、解除及终止等条款中做出相应的规定。在《工伤保险条例》中，应将学生实习或做学徒期间发生的伤害列入工伤保险范畴。企业法是以确认企业法律地位为主旨的法律体系，我国企业类型多样，由此形成了各种类型企业的法律规范，如《中华人民共和国全民所有制工业企业法》《中华人民共和国中外合资经营企业法》《中华人民共和国外资企业法》《中华人民共和国合伙企业法》《中华人民共和国个人独资企业法》《中华人民共和国公司法》等。在各类企业法中，应当将校企合作事项列入相关条款中。在《中华人民共和国企业所得税法》中，应当规定符合资质条件的企业因接收学生实习所实际发生的与取得收入有关的、合理的支出，在计算应纳税所得额时扣除。此外，在司法上也要做出配套解释，这样才能为职业教育校企合作构建一个完善的、系统的法律支撑框架。

学生企业实习制度和学徒制度是校企合作制度的重要内容，学生在企业实习、实践和做学徒是职业教育校企合作的基本载体形式。落实好实习制度和学徒制度，是实现职业教育校企合作育人目标的关键环节。建议建立专门的学生实习和学徒管理机构，其职责是统筹协调职业院校学生实习和学徒管理工作，制定相关政策，向公共部门、私立部门、学习者及其他利益相关者宣传实习和学徒制的目标、价值，协调对实习岗位、学徒岗位的资助，推进实习和学徒制的研究，定期发布职业教育学生实习和学徒制的实施报告，向国家提出关于实习和学徒制实施的政策建议。

三、评价阶段机制设计：评价与调整

2013 年国务院办公厅印发《关于政府向社会力量购买服务的指导意见》及 2014 年《政府购买服务管理办法（暂行）》（财政部、民政部、国家工商总局联合发布），两个文件均强调要建立健全政府购买服务的监管评估机制。政府向行业组织购买人才需求预测服务、校企合作教学标准开发服务、参与校企合作育人评价服务，向企业购买学生实习岗、学徒岗，事关学生群体利益，影响深远，因此必须建立完善的监管和评估机制，确保学生受益。

一是财政、审计等有关部门应当加强对政府购买校企合作公共服务的监督、审计，主要包括购买行业、企业服务资金的使用与管理、购买服务的预算编制环节、购买方式的选择环节、承接方的选择环节、合同或契约的履行环节、购买结算环节等。

二是政府及其职能部门等购买主体要加强购买服务的内部管理制度建设，建立校企合作服务项目标准体系，包括设定购买流程、确立服务目标、明确项目定价体系、建立质量标准体系，组织专业力量科学编制规范性服务标准文本。在做好基础性工作的同时，购买主体还应按规定公开购买服务的相关信息，自觉接受社会监督。

三是行业组织和企业等承接主体应当建立承接服务项目的财务报告制度。财政部门要加强对企业的工作指导，严格资金监管，民政、工商管理及行业主管等部门应当按照职责分工将企业承担服务行为的信用记录纳入监管体系，在年检、评估等工作中体现出来，并逐步建立诚信激励机制。

从实践领域看，我国对于职业教育领域采取政府购买服务的方式还处于起步阶段。职业教育是与民生密切相关的领域，尤其是校企合作的本质是育人，因此将学生交给市场、交给企业的过程还需要谨慎地推进，要全面衡量、周密设计，对市场主体和社会组织要进行严格把关和监管，建立一套行之有效的监督、评估、惩戒体系。政府必须牢固树立公共责任理念，严格按照规定以透明化的公平竞争、择优选择方式确定政府购买服务的主体。

一项制度的实施需要多个组织、机构的参与，需要物质、人力、财力的支持，机构作用的发挥、机构之间的联结、信息之间的传递、人员之间的交流、财力投入方式等都会影响职业教育校企合作制度水平及实施效果。因此，要健全制度的执行机制，可从以下五个方面着手：

（1）建立行业、企业参与决策机制和利益诉求表达机制

行业组织作为政府与企业之间的桥梁和纽带，担负着向政府反映行业、企业诉求，参与行业立法及产业政策制定，参与制定、修订行业标准和行业发展规划，编制行业准入条件，完善行业管理及促进行业发展等职责。一般情况下，行业组织是根据行业及企业的利益诉求就相关政策和立法向政府有关部门提出意见或建议。在加快发展现代职业教育的进程中，必须充分发挥行业组织的作用，建立平台和渠道，建立行业、企业参与职业教育决策机制及代表企业的利益诉求表达机制，使校企合作制度的完善更接地气。

（2）完善职业教育与行业、企业对话协商机制

目前，我国已初步建立起职业教育与行业、企业对话协商机制，主要形式是吸收行业组织及代表参与国家政策制定，政府组织召开行业、企业与职业教育对话活动。建议政府出台引导性资金政策，将产教对接平台搭建任务渐进式地交由行业组织，主要是行业协会。作为重要的经济类中介组织，行业协会所属成员基本覆盖了本行业主要的企业类型。建议逐步建立和完善以行业协会为主导的职业教育与行业、企业对话协商机制，政府要给权力、政策、资金支持，充分调动行业协会在信息提供、协调关系、行业规制、信誉生成等方面的优势，提高产教对话及决策水平。

（3）建立职业教育校企合作公共信息服务机制

由于市场资源稀缺，企业和学校之间资源共享不对等、信息交流不畅通，影响了校企之间的人才培养对接。借鉴我国宁波市经验，建立区域性校企合作公共服务信息交流平台，将学校专业设置、学生规模、企业岗位设置、培训需求、员工招聘、学徒招工、实习岗位设置等信息整合于统一的平台，定期发布相关信息，同时建立职业指导和就业指导制度，设立职业能力测试平台。针对岗位需求将无技能者培养成有技能者，把那些拥有某项职业兴趣或必要技能的人调到对应的专业或需要这些技能的地方去，这既是提高职业教育校企合作效益、促进就业、优化劳动力资源配置的有效手段，更是

增强职业教育校企合作吸引力的根本性措施。

（4）建立职业教育校企合作育人质量评估机制

建立评估机制需要从国家和地方两个层面进行。第一，国家层面：监督评估机构每年在职业教育官网上向社会发布全国职业教育校企合作育人质量评估报告，任何企业、学校和个人都可以从官方网站上下载，以获得全国职业教育校企合作状况的信息。第二，地方层面：地方监督评估机构按照规定的时间在本地教育部门官网上向社会发布本地区校企合作育人质量评估报告。政府可以通过校企合作育人质量评估，扩大校企合作的影响，宣传企业和学校。作为市场力量的学生，则可以更清晰地了解区域内各职业院校能提供哪些专业服务、服务水平如何，从而选择学校就读，实现政府对职业教育的质量控制。

（5）建立职业教育校企合作政府绩效问责机制

建立职业教育校企合作绩效问责机制，向地方政府问责，主要考察在利益博弈中政府能否很好地落实并创新国家校企合作政策，是否切实地维护学生权益。对于职业教育校企合作来说，要明确“谁来问责”“向谁问责”“问责什么”三个要素。中华人民共和国全国人民代表大会是问责主体，政府是问责客体，问责内容根据政策背景、现实需求及政府的职责来定，主要包括校企合作法规政策配套情况、专项经费执行情况、政策落实情况、企业参与情况、公众知晓情况、学生满意度情况、职业资格证书获得情况、经费投入保障情况、学生合法权益保障情况、学生就业情况等。

第五章 校企合作协同育人实现路径

第一节 政府搭台

《广东省推进粤港澳大湾区建设三年行动计划（2018—2020年）》指出，要发挥广东省发展改革委、教育局、科技局、人力资源局等政府部门在粤港澳教育科技合作建设的重要作用，发挥广东省发展改革委在教育、人才合作中的改革规划作用，省教育厅及下属部门在推动教育合作的支撑作用，发挥科技厅及下属部门在实施粤港澳大湾区国际科技创新中心建设中的引领作用，发挥人力资源厅在人才政策制定、鼓励人员互通的重要作用，发挥省港澳办在促进三地文化交流、推动教育合作项目建设的支持作用，以《广东省推进粤港澳大湾区建设三年行动计划（2018—2020年）》为依据，出台针对性强的扶持政策，促进教育、人才、创新科技资源的流动。

一、破除行政壁垒，促进教育资源跨省区自由流动

政府就是本着人民本位、社会本位、权利本位的理念为人民提供公共服务和公共产品的新型政府。服务型政府的建构主要表现在维护社会稳定、保持良好社会秩序，为各类市场主体提供公平公正的发展环境，为劳动者提供社会保障等方面。因此，在校企合作中，政府发挥着居间调节的作用。正如《国务院关于大力发展职业教育的决定》指出，“各级人民政府要加强对职业教育发展规划、资源配置、条件保障、政策措施的统筹管理，为职业教育提供强有力的公共服务和良好的发展环境”[1]。

政府需要对职业院校开展的校企合作的探索和实践提供支持，引导、管

[1] 《国务院关于大力发展职业教育的决定》国发〔2005〕35号．

理、评估。政府作为公共服务的提供者和公信力的代表，更能有效地提升社会、家庭、企业对职业教育的认可。政府不仅可以通过社会舆论使群众和企业认识到校企合作的重要性和必要性，为校企合作创造出一种积极向上的思想导向，而且还可以通过完善校企合作的相关法律法规，为校企合作建起一道坚强的后盾。

《粤港澳大湾区发展规划纲要》提出要“建设宜居宜业宜游的优质生活圈”，吸引国内外高层次人才的聚集。但当前粤港澳大湾区人才引进与激励的配套措施仍有待优化，宜居宜业宜游的人才环境也尚未形成。近年来，广东省在港澳高端人才引进上大胆尝试，出台系列人才激励政策，如广州市的“羊城人才计划”“红棉计划”，深圳市的“鹏城英才计划”“鹏城孔雀计划”，珠海市、中山市的“英才计划”，惠州市的“人才双十计划”，东莞市的“特色人才特殊政策”等，通过经济补贴、社会政策优惠等方式，广泛吸纳符合城市发展需求的精英人才。针对港澳地区的人才，广东省还出台了相关优惠政策，如横琴自贸区“港人港税、澳人澳税”的政策使在横琴工作的港澳居民可享受与港澳趋同的个人所得税。但是，粤港澳大湾区内港澳地区经济发展水平较高，社会福利制度发展较为完善，基础公共服务能力、供给能力强，而且三地的社会政策无法对接，制度落差导致大量港澳人才不愿前往内地工作，而部分在粤工作的港澳居民也只能通过频繁的两地往返以满足公共服务需求及消解异地工作的孤独感。因此，如何弥补粤港澳大湾区人才激励政策措施在范围、内容、具体落地等方面的制度不足，建立大湾区在教育培训、科技研发、法律、税收等方面的良好合作供给机制，切实保障境外人才的落户、社会福利、子女入学等实际需求，使港澳及海外人才能够真正在大湾区内扎根生活，将是推进粤港澳大湾区科研项目合作与人才引进的重点问题。

除此之外，政府还可以根据市场经济发展变化的需要，发挥其积极的主导作用，站在全局的高度明确自己的职责，在校企合作中充分扮演好自己的角色，切实消除政府在校企合作中留下的阻力，做好推动校企合作有序运行的“发动机”和“润滑剂”，真正发挥好服务政府的功能，为校企合作的顺利发展起到保驾护航的作用。

《教育部关于全面提高高等职业教育教学质量的若干意见》文件指出：“高等职业教育作为高等教育发展中的一个类型，具有不可替代的作用。”[1] 但因为受传统思想的束缚和招生制度差别的影响，社会上还存在着

[1] 《教育部关于全面提高高等职业教育教学质量的若干意见》教高〔2006〕16号.

轻视职业教育的观念。因此，政府部门应该通过电视、报纸、广播、网络等各种舆论手段加大对职业教育的宣传力度，引导广大人民提高思想认识，树立正确的职业教育理念，为职业教育的发展营造出良好的舆论环境。

目前，我国政府在对职业教育校企合作方面的法律法规还很欠缺，但是在实践中出现的困难和问题制约了校企合作的可持续健康发展。校企合作不仅是学校与企业关于教学与实践的合作，更是科学技术和经济发展的一种合作，应该要有政策法规的规范和调节，所以政府建立健全职业教育校企合作的相关法律政策是势在必行的。《国家中长期教育改革和发展规划纲要（2010—2020 年）》也明确指出："调动行业企业积极性，建立健全政府主导、行业指导、企业参与的办学机制，制定促进校企合作办学法规，推进校企合作制度化。"所以说，完善职业教育和校企合作的相关政策法律体系，明确校企合作的法律地位和合作双方权利与义务，加强对合作的协调和管理是政府义不容辞的责任。此外，政府还可以通过完善税收政策、信贷政策、知识产权政策等形成有效的激励机制，从政策上调动合作双方的主动性和积极性，进而将校企合作的运作引向规范化和标准化。这样不仅能规范合作双方的行为，提高合作的积极性和规范性，同时也能维护各方的共同利益，确保合作得以健康持续发展。

当前，职业资格证书制度和职业技能鉴定的实行也不甚规范，证书成为形式上一种政府的认可，并没有真正得到市场或者说是企业的承认，因此政府不仅要采取相关政策的引导，同时还要加大对职业技能鉴定工作的力度，切实做到职业资格证书与其技能相匹配，进而增强群众对职业教育的信心和职业技术教育的认可。

政府的组织协调功能还体现在政府充分发挥其主导作用建立合作教育协调机构上，如建立校企合作协商委员会来协商和处理校企合作中遇到的问题及利益矛盾，又或者是建立职业教育工作委员会，通过充分利用政府中的高级管理人才、教育人才来领导和统筹职业教育的发展工作。

二、发挥统筹作用，牵头规划建设大湾区教育合作项目

我国职业教育的校企合作起步较晚，其发展可以说还处在探索阶段，所以政府对校企的扶持就显得尤为重要。对于这一点，我们可以从很多成功案例中得到启示。例如，德国为保证其"双元制"校企合作模式的顺利运行而制定了一套内容全面、便于操作的职业教育法律体系，这些法律法规共同支

撑了德国庞大的职业教育系统的运作，使德国成为世界公认的职业教育强国，也使其“双元制”的合作模式成为各国借鉴的典型。

政府除了在法律体系上对校企合作的发展起到了推动作用，其在社会舆论和政策方面的支持也功不可没。政府对职业教育的宣传支持，逐渐改变着社会和企业对职业教育的偏见，使企业从被动参与变为积极主动地参与。此外，政府通过对校企合作财政上的补贴及对校企合作成功典型的奖励，更是成为校企合作的助推器。

政府通过对政策的引导、制度的完善和规范及利益协调等方式调动着企业的积极性，并且通过制定相应的规章制度，约束和保障各参与主体，使各主体在符合规则的基础上都能去追求各自的利益，从而形成校企合作持续性发展的动力机制。当然，政府在颁布法律法规明确规定学校和企业在合作中的责任、权利的同时，还要制定相关的激励和惩罚措施，只有这样双管齐下、两手紧抓（一方面对作出的成绩给予肯定，另一方面对违法、违规行为的惩罚绝不懈怠），才能更好地保障校企合作双方的权利和利益，进而确保合作的顺利进行。

政府可以设立校企合作发展专项资金，并对专项资金的用途作出规定，如规定专项资金主要用于资助校企合作实训基地的建设，或是设备设施的更新，又或者是用于对校企双方科研项目的资助等。政府除了在财政上的直接补助以外，还可以通过其他政策对校企合作的资金进行补贴。例如，对于参与校企合作的企业，政府可以在税收方面给予一定的减免，并且对在合作中表现突出的企业，政府可以给予资金奖励。

三、组建议事机构，搭建大湾区一体化议事决策协同平台

世界三大湾区通过让渡部分行政权力，形成超出地方权力的区域管理权以促进合作。为了提高粤港澳大湾区在全国乃至全球的区域竞争力，应当对大湾区地方政府的权力进行调整，实行地方政府权力的再分配，将地方政府权力向粤港澳大湾区协调委员会适当集中，强化大湾区合作权力机制。对基础设施建设等问题，要通过协调委员会进行协商、规划和建设。与此同时，要成立粤港澳大湾区城市政府之间联合组成的专项事务小组，制订专项事务合作规划，促进相关城市专项事务协商合作。例如，可以在珠海与澳门建立两地政府联合组成的专项事务小组，以推进横琴的开发建设。

当地很多政府教育部门会设有职教处，主要职责包括统筹和指导职业教

育的发展与改革，制定中等职业教育教学指导文件和教学评估标准，指导学校专业建设、课程建设、教材建设、实习实训基地建设。该机构包含以下工作职能：

1. 准备环节

根据当地经济发展情况、产业发展状况，以提高教师的专业技能水平和实践教学能力为目标，以安排新兴专业、强调动手操作的专业、当地支柱产业的相关专业为主。了解本地企业产业工人需求，了解当地职业院校专业设置，了解需要企业实践教师的专业。企业选择方面，应选取在本地经济领域中的特色企业，注重公益事业和具有社会责任感的企业，企业研发水平高、行业技术领先、重视职工内部培训、支持职业教育发展的龙头企业作为重点联系的企业实践基地。

2. 实施环节

制订地区实践年度方案。向职业院校下达实践通知，报送院校年度实践安排，与企业联系好职业院校教师到达企业的时间、人数及实践内容。制订该地区实践细则方案，包括实践的专业名称、参与学校的数量、教师人数、起止时间、培训内容、考核办法等。

3. 监督环节

企业在实践过程中，职能部门应全程监督职业院校教师到企业实践的各项情况，发现并解决实践过程中的实际问题和突发事项。实践结束后，应对教师企业实践情况进行考评，结合平时的教育教学情况，进行教学改革的思考，对专业技能教育、科研项目规划、实践教学改革提出改进方案，为组织好下一轮的实践提供参考。

粤港、粤澳高层联席会议作为粤港澳三地政府交流的重要平台，在促进三地经贸合作、文化交流、引领地区发展上发挥着重要作用。粤港澳大湾区跨境协商管治机制建立后，粤港和粤澳联席会议下原设的专责小组建议继续保留，以便进一步落实三地在金融服务、国际贸易、公共服务等方面提出的具体合作细则和安排。与此同时，建议构建由粤港澳三地职能管理部门共同参与的粤港澳联席会议，作为湾区内部交流和沟通的新平台，重点交流探讨大湾区如何作为整体融入“一带一路”建设、参与国际竞争的具体举措与实施策略。

此外，要充分发挥大湾区内民间商会、行业协会等民间团体在区域合作中的作用。一方面，使其成为联系宏观层面的协商管治机制与微观层面的企业及个人之间的重要渠道，配合政府进行相关政策的宣讲与落实，推动三地消除阻碍要素自由流动的各项壁垒。另一方面，使其成为地区间同行交流的平台，增进三地企业间的交流和沟通，更好地借鉴、学习优秀企业的经营经验，并提供相应服务以减低由于三地服务标准差异所造成的摩擦成本。

第二节　高校牵线

一、对接产业集群，优化专业学科设置

硅谷成功的秘密就在于形成了一个围绕高水平大学和高技术创业型公司等社会网络节点的分散产学集群。高水平的区域经济发展需要拥有一流的产业，而一流的产业需要高质量的高等教育。粤港澳大湾区力争打造全国乃至全球创新发展引擎，需要构建互联互通、高度融合的高水平创新型产学集群，其中产业集群和高校集群及学科专业集群尤为关键。大学集群发展能发挥“集聚—溢出”效应，有力支撑创新型产业集群的发展。

1952 年，中国高等教育效仿苏联模式，进行大规模院系调整，将各综合大学中的工、农、医、师、财、法等学科分离出来，单独或归并成独立的工科、农林、医学、师范、财经、政法等专门学院。在专业设置上，文理和医学按一级学科设置专业，随后，部分高校大规模增设专业，致使专业设置重复、口径过窄。20 世纪 80 年代逐步兴起各类专业的拓展与增设，具有时代性、应用性的专业应运而生。高校通过对本科院校专业目录的调整修订，形成了体系相对完整、合理、规范的本科专业结构。1998 年，为适应产业发展的需要，国家再次全面修订专业目录，规定一级学科门类 11 个，专业 249 个。

目前，中国产业发展的重点在于培育、壮大战略型新兴产业，做大、做强优势产业，改造提升传统产业，促进服务业大发展，发展现代农业。其中，战略型新兴产业以重大技术突破和重大发展需求为基础，它对经济的长远发展起到引领作用。知识技术密集、物质资源消耗少、成长潜力大、综合效益好的产业，具体包括电子信息、节能环保、新能源、生物、高端装备制造、新材料、新能源等产业。大力发展的现代服务业包括以物流业、金融

业、商务服务业、科技信息服务业为主的生产性服务业，以商贸服务业、旅游业、社区服务业为主的生活性服务业以及服务外包、会展经济、创意服务业等新兴服务业态。产业结构的复杂性符合中国新常态的实际状况。

作为一种新型的产业组织形式，产业集群是高度的产业集聚、紧密的产业关联（产业链的本地化）、社会化的分工（包括部门内分工和产业链分工的新型分工）、发达的网络组织（中间组织）、适宜的创新环境、合作竞争和互动机制等多方因素相互作用的结果。改革开放以来，中国的产业发展呈现出区域集群化特征。从地理分布上看，中国的产业集群主要集中在广东、浙江、江苏、福建、山东、河北等沿海地区。从行业结构来看，我国的产业集群主要集中在化纤纺织、丝绸纺织、制衣、制鞋、电子、信息、医药、塑料、汽摩配件、精细化工、五金制品等行业。其中，传统的轻纺和电子信息产业分布最为集中。新常态下，中国正处于新兴产业培养的重要机遇期，在物联网、智能电网、电动汽车、生物与新医药、电子信息产业等诸多领域，已形成一批高附加值、高成长性的大产业集群，并开始形成一定规模的产业链体系，这些新兴产业集群正处于成长阶段，有巨大的市场空间。

高等教育学科专业反映着一定时期内经济建设、科技进步、文化发展、社会分工对高级专门人才种类、层次、规格的要求，以及对人才培养知识、能力和素质的要求。新常态下，产业结构的优化升级必然对人力资源提出新要求，高等教育应及时发现产业结构战略性调整的动向，把握产业发展趋势，加快学科专业结构调整的步伐，主动融入产业结构转型升级进程，促使学科专业建设契合产业转型升级的需要。为此，一要建立专业建设投入保障机制，加大专业建设的投入；二要实施教学质量、教学改革和特色专业建设等工程，推动专业结构与人才培养方案的调整优化；三要推进师资队伍提升与建设，进一步改善教学条件特别是实践教学条件，为提升专业办学水平创设条件。通过以上措施促进高等教育与时俱进，形成“需求导向、特色鲜明、重点突出、布局合理、结构优化、协调发展”的学科专业体系，为经济社会发展输出适配型人才，进一步提升与产业结构的协调度。例如，东莞理工学院对接产业集群建设需求，一方面，树立系统思维，深入推进内部综合改革，协同推进学科专业设置的决策机制、人事管理体制、薪酬分配与绩效考核机制、科研评价机制、教学运行与管理机制的综合改革，相继出台了《科研体制机制改革“1+N”系列文件政策》《特色产业学院建设管理办法》《高层次人才管理与考核评价办法》等系列制度，同时大力推进校院二级管理改革、学校与外部主体协同创新机制改革，建立了价值整合、多方参与、利益共享、责任共担的激励约束机制。另一方面，学校积极培育和发展引领支撑“产学融创”的文化。作为一所位处湾区关键节点城市的地方理工类高校，学校不断培育扎根本土的文化自觉，培育创新的文化内核，坚持服务地方经济和科技产业创新发展，鼓励所有尊重教育规律和面向产业的知识创新、技术创新、制度创新，将新型高水平理工科大学建设融入区域创新体系，促进形成协同创新的文化格局，着力打造服务支撑区域创新体系建设的文化高地。

二、跟踪产业前沿，科学制订人才培养方案

教育部《关于全面提高高等职业教育教学质量的若干意见》提出把工学结合作为高等职业教育人才培养模式改革的重要切入点，这是高等职业教育理念的重大变革。笔者以为：改革以课堂为中心的传统人才培养模式，通过加强校企合作、工学结合，优化专业人才培养方案，以期提高高等职业教育人才培养质量，这无疑是高等职业教育理念的重大变革。

工学结合模式的推进，必须使企业、学校和学生三方找到校企合作的结合点，都能从中得到利益，体现“多赢”，这是工学结合模式能否顺利进行的关键。学校通过工学结合，可以提高人才培养的质量和学生的就业能力，同时可以提高教师的“双师”能力和改善师资队伍的“双师”结构。学生可以提高职业素质、综合素质和就业竞争能力。企业则通过有目的培养、选择所需的高技能人才，可以减少培养成本，同时承担社会责任。

1. 构建以项目为导引、以专业素质定位为依据的专业课程体系

在明确了计算机网络技术专业能力培养的方向后，通过一体化的课程体系以项目设计为载体，整合专业知识，从实际项目中引出问题，让学生在解决问题的过程中掌握所学的专业知识，使知识传授、能力提升、素质培养和项目训练融为一体。通过“学校—企业—学校”的闭环教学途径，结合以项目为引导的一体化课程教学改革，以项目为载体，以双赢为前提，并让培养人数和培养成本上具有相当的灵活性和可操作性，形成工学结合的人才培养方案，使培养的学生更加贴近企业的需求，实施的专业教学更加贴近生产一线的实际情况。

2. 以工作过程为导向设置专业主干课程专业教学团队

从产业、行业、企业、职业调查入手，广泛听取企业专家、技术能手、企业兼职教师、下企业锻炼教师、顶岗实习学生和毕业生的意见，对专业主要岗位的典型工作任务进行剖析，得出工作岗位的业务范围，通过归纳得出相应的工作领域，并转换为对应的专业主干课程。在工作过程导向模式下，特别是在对工作岗位的典型工作任务进行分析时，既要对现有网络条件下完成该项任务所需要的知识和技能进行分析，又要对在将来网络发展的条件下如何完成该项工作任务进行分析。只有这样，才能使得学生既具有扎实的职业基础知识，又具有灵活的应变能力，从而更广泛地获得这种潜在的职业迁移能力。

3. 以岗位工作任务为导向制定专业主干课程的课程标准

课程标准是规定某一学科的课程性质、课程目标、内容目标、实施建议的教学指导性文件。课程标准与教学大纲相比，在课程的基本理念、课程目标、课程实施建议等几部分阐述更详细、明确，特别是提出了面向全体学生的基本学习要求。因此，课程标准的制定是专业人才培养方案制订过程中必不可少的一个环节。课程标准建设必须解决四个问题：一是课程定位与课程目标必须与职业岗位的工作任务相适应；二是课程内容与标准必须与工作标准相匹配；三是课程教学必须以工作任务为中心来组织技术理论知识与技术实践知识；四是课程实施必须是建立在职业情境下的教学活动再设计。而这一切的核心是职业岗位工作任务的确立。因此，专业核心课程的课程标准的制定，同样需要企业专家及工程师的参与，将企业的岗位技术标准与课程标准衔接起来，将证书考试大纲与课程教学大纲相融合，将职业资格鉴定考核与课程考核相贯通，以实现课程标准与职业标准的对接。

4. 引入企业工程师培训课程体系

当今社会科技发展日新月异，新型学科和专业不断出现，没有哪一门学科、哪一个专业的课程设置是一成不变的。而课程设置的调整、课程内容的整合、专业课程与其他各门课程之间相互衔接等都应随着经济和社会的发展及市场变化而变化。用脱离市场需求和行业变化的课程设置体系培养出来的学生势必不能适应社会的要求。因此，在课程体系设置过程中，应采用课程置换的方式将企业工程师的培训课程纳入课堂教学中来。在该校计算机网络技术专业的课程体系中，专业核心课程中应有将近 2/3 的课程直接采用企业工程师培训的教材，做到教学和企业用人需求紧密结合，实现真正的零距离。从某种意义上讲，课程设置的过程就是教学内容为适应市场需求不断整合和更新的过程。

三、破除产学藩篱，支持教师到企业学习实践

2006 年，教育部下发了《教育部关于建立中等职业学校教师到企业实践制度的意见》（以下简称《意见》）。该《意见》下发的目的是落实《国务院关于大力发展职业教育的决定》提出的工作任务，加快建设一支适应职业教育以就业为导向、强化技能性和实践性教学要求的教师队伍，促进职业教育改革与发展，就建立中等职业学校（含中等专业学校、职业高中、成人中等专业学校）教师到企业实践制度提出了具体意见。其中强调了充分认识建立中等职业学校教师到企业实践制度的重要性、中等职业学校教师到企业实践的要求与主要内容、中等职业学校教师到企业实践的主要形式与组织管理、相关工作要求。

《意见》从建立中等职业学校教师到企业实践制度的重要性、中等职业学校教师到企业实践的要求与主要内容、中等职业学校教师到企业实践的主要形式与组织管理、其他相关工作要求四个方面进行阐述，具体明确了要健全教师到企业实践的工作机制，明确教师到企业实践的工作方法。地方各级教育行政部门和职业院校要建立教师到企业实践的有效管理制度，并将到企业实践的情况作为教师年度考核、职称评定、职务聘任、考核晋级的关键指标。

在党中央国务院、教育部及其他各部门颁布相关法规、决定、意见后，各地职业院校为落实这些政策，进行了更为细致的制度建设。在阅读相关职业院校出台的关于教师到企业实践的规定、办法等资料后，发现它们各有特色，也具有一些共性。比如，《昆山登云科技职业学院教师下企业实践锻炼暂行规定》落实了参加对象、任务要求、过程管理及实践期间的待遇问题；《黑龙江工商职业技术学院教师社会实践（企业挂职锻炼）》为实现学院“双师型”师资队伍建设目标，对暑假期间教师下企业实践锻炼做了相关规定，落实了教师到企业实践的纪律要求和安全防范事项，最大的亮点是出台了管理与考核制度，使得教师参加企业实践活动有一个明确的考核体系；《江宁职教中心教师下企业实践办法》规定了专业课教师到企业实践的具体

办法，职教中心统一要求了专业课教师到企业参加实践活动，应结合其具体专业，明确下企业的具体任务和要求。专业课教师一般在暑假期间到企业实践，要求每年至少到企业实践一个月以上；专业课教师到企业去要深入企业第一线，采取顶岗作业、工作实习、合作研发等形式，并与调查研究相结合，及时掌握本专业发展动态及实际应用情况，充分了解相应的业务流程、岗位素质、知识技能要求，积极参与项目实践与研发，努力提高自身技能素质[1]。

职业院校教师参加企业实践的根本目的在于推动职业教育发展，培养高素质技能人才，通过提高职业院校教师本身的专业实践能力和技能教学能力来达到培养合格产业工人的目的。目前，很多职业院校为满足社会经济迅速发展，在学科设置上建树颇多，以适应达到全面人才培养目标。针对不同专业种类、技能要求、教学内容，要求教师在教学过程中不断提升自身教学能力。职业院校应当创造条件，鼓励并帮助教师外出学习实践，制订针对性、个性化的实践方案，带着问题、任务或项目去企业实践，以达到实践的目的。比如，可以将教师自己的科研项目与企业的新技术、新工艺结合起来，结合实际情况查漏补缺，看如何将新工艺传授给学校学生。

四、整合多方资源，探索创新合作实践教学

在新一轮科技革命与产业变革加速推进的背景下，科技创新超越技术创新，反映了创新源头的改变。与技术创新更多源于生产实际经验的积累和技术的改变不同，科技创新更多地依靠大学或其他平台的知识创新。科技创新平台是实施和推进“产学融创”的有效载体，有利于集聚优质创新要素、组建高水平科技创新团队和培养高素质创新人才。当前，“产学融创”平台大致有以下三种形式：第一种是将平台建在企业中；第二种是将平台建在大学中，如共建研究中心、研究所和实验室等；第三种是由政府引导和支持，建立大学科技园、科技孵化器等。

据《2017 年全球创新指数报告》显示，粤港澳大湾区创新指数位居世界第二。湾区富集的创新资源为创建一流的“产学融创”平台奠定了良好的基础条件。学校在推进新型高水平理工科大学建设过程中，整合粤港澳大湾区优质创新资源，围绕智能制造领域等产业需求，凸显大学对区域创新系统构建的“贡献度”，强化科技成果的培育及转化，由杰出人才领衔主持，依

[1] 李海涛．高职院校专业教师实践途径之我见 [J]. 科技创新导报，2010，(31)：143-144

托学校显著的区位与产业优势，整合多方优质创新资源，创建了生态环境工程技术研发中心、激光先进智能制造工程技术中心、增材制造与智能制造研究院、智能制造工业网络安全工程实验室、机器人与智能装备创新中心、工业 4.0 智能设计协同创新平台、多能互补的分布式能源系统关键技术与示范中心等多个重大科技创新平台。重大科技创新平台的建设，突破了传统科研平台建设的路径依赖，整合利用了区域内国有科研机构和龙头企业等优质科技创新资源，快速提升了学校整体科技创新水平和支撑引领产业发展能力。

大湾区大学科技园合作要有湾区特色，区别于内地一般合作模式。按照《纲要》中打造宜居宜业宜游的目标要求，建立和完善有助于人才流动、共建、共享的激励和保障政策。在房地产、基础教育、社会保障、医疗救济等各个方面积极探索，为大湾区人才流动创造条件，对符合一定条件的港澳高端人才和紧缺人才，试点推行个人所得税税负差额补贴政策，大湾区内的科研人才、资金等要采用特别的管理模式和监管方式，鼓励港澳优秀人才参与建设，实现科研项目经费在粤港澳大湾区的自由流动；进一步放宽高新技术投资者在大湾区的投资门槛，吸引港澳资本入驻；参与教育合作和人才交流项目的高校应建立科学的人才激励机制，鼓励高校师生在不影响科研、教学的前提下参与科技园的创新创业，并对具有杰出贡献的人才予以奖励，对有创业意向的人才进行引导和帮助，建立人才考评机制，激发粤港澳大湾区优秀科研工作者的创新积极性。

安娜李·萨克森宁教授在其《地区优势：硅谷和 128 公路地区的文化与竞争》一书中提出："仅仅拥有硅谷的基本因素并不意味着就能创造出该地区具有的那种活力。事实证明，那种认为'科学园区 + 风险投资 + 几所大学 = 硅谷'的观念是完全错误的。"也就是说，完善和灵活的体制创新才能持续促进大学科技创新和提升产业竞争力。国内学者研究也认为，以创新要素自由汇聚为特色的服务支持系统是影响区域知识创新中心创建的关键因素。而所谓创新支持系统，是指对创新主体从事科技创新活动发挥支撑作用的辅助系统。广义的创新支持系统是指政府为创新所提供所有便利的统称，狭义的创新支持系统则特指创新的基础设施和社会环境。总而言之，推进"产学融创"，必须大力进行体制机制改革创新。

实训基地的建设需要依靠企业和学校的共同投资，是在企业的建议和指导下完成的。要积极探索校内生产性实训基地建设的校企合作新模式，要借助于企业的资源弥补职业教育发展中遇到的资金困境。共建的内容包括设备

购入、技术支持、课程教材和实训指导人员，实现优势互补，共赢共促。通过校企联合，建设和完善“校中厂”实训基地，为课程学习情境的设计提供支持。

第三节　企业唱戏

一、引企入校，企业参与课程内容设置

在现行相关政策中没有明确哪些企业可以参加、企业以何种形式参与职业教育。参与职业教育的企业不是指任何一家机构或组织，而是有“门槛”的。我国需要在政策层面对参与职业教育的企业资格进行规定，主要包括企业的规模、运行方式、业务类型、人才发展战略等方面。首先，只有具有一定规模的企业才有条件参与。所谓一定规模，重点是指该企业在行业内具有一定的地位，能掌握行业内的前沿技术，能在校企合作中提供有效的“知识”，这样的企业才能为职业教育人才培养提供明确且具有远见的意见。从这一角度来看，具一定规模的企业参与职业教育的可能性较大，也可能取得令人满意的效益。其次，知识、技术型的企业较适合参与职业教育。由于职业教育主要培养技术、技能型人才，因此，知识、技术型的企业在硬件上能够为职业学校提供帮助，能满足职业学校的教学需求，在业务类型上与职业教育的人才培养定位相吻合。最后，企业的人才发展战略是企业是否适合参与职业教育的指标之一。目前，企业的人才发展战略普遍是多元化的，主要包含选聘毕业生、对现有员工进行培训和依靠猎头公司去挖掘人才，主要依靠到学校选聘毕业生的企业参与职业教育的可能性较大。

《广东省推进粤港澳大湾区建设三年行动计划（2018—2020 年）》提出“构建极点带动、轴带支撑的网络化空间格局”，港澳是高度开放的国际化城市，各高校与国际社会关系密切，信息渠道广，具有资源和信息优势。在全球 100 强高校中，香港占 4 所，近年来香港也不断推进教育和人才培养机制的建设，在国际化环境构建、配套法律体系建设等方面都取得了较大的成果，社会创新氛围浓厚。香港特区政府建立了一套与政策相适应的“学分累积与转换”机制，并于 2017 年发布《苏格兰资历架构与香港资历架构参照报告》，与欧洲、苏格兰等西方高校开展学分互认。澳门也承担了连接欧洲特别是葡语地区与中国经济贸易互动的桥梁功能，且形成了“东亚最大的

娱乐之都”的城市特色，因而澳门具有极强的葡语文化纽带优势和丰富的与葡语系国家经济合作的经验。澳门在回归后，办学条件也得到全面改善，学校实力与国际地位也有所提升，在计算机科学、机电工程、系统工程等领域也有所建树。与内地高校相比，港澳地区的大学更注重国际化办学，聘请的专家学者大部分是世界优秀学者，外籍学生所占的比例较高，具有世界文化交融、国际学术接轨的办学特色。在粤港澳大湾区教育合作和人才培养机制的建设过程中，应支持香港科技大学、香港大学（医学院）、香港中文大学（医学院）、澳门科技大学等港澳优秀高校落户广东省，鼓励粤港澳高校开展相互承认特定课程学分，实施更灵活的交换生安排、科研成果分享转化等方面的合作交流，充分发挥港澳的渠道和理念优势，实现大湾区教育、人才合作的国际化。

职业教育进行专业设置的前期要开展市场需求调研，包括人才需求调研和人才规格调研，旨在准确把握市场的人才需求情况与人才规格要求。市场需求调研的要点是调查研究职业教育培养现状、区域产业发展现状与趋势、行业企业现有的人才结构现状和人才需求情况、职业岗位对人才的规格要求。人才需求调查是从宏观上就业信息、劳动力现状、行业技术发展情况进行把握，并对技术发展走向、未来人才的数量和能力要求进行科学的预测，从而确定需要设置专业的规模、方向。人才规格调查主要是确定专业培养的规格及层次。

企业的人才需求信息、职业岗位的任职要求（主要是知识、技能、素质要求）是人才规格调查的依据。企业的人才需求信息是对职业岗位（群）相关人才的层次、能力、数量等做出具体的要求，并根据自身的发展对人才需求做出相应的预测。企业的人才需求信息更能反映行业内的真实需要，更具有针对性。将企业的人才需求信息作为专业设置的参考，有助于职业学校对职业岗位需求有准确的把握，避免人才培养的盲目性，提高职业学校专业设置的针对性。例如，东莞理工学院秉持“开放合作，优势互补，互利共赢、融合创新”的办学思路，与松山湖国家高新区、部分全国百强镇及龙头骨干企业紧密合作，寻求“教育链—产业链—创新链”合作分工模式和利益交汇领域，先后派出 40 多支师生小分队开展科技产业创新服务，动态跟踪产业前沿信息，掌握一线人才需求。学校积极开展校内教育教学大讨论、校企合作对接研讨、大学创新发展高峰论坛，聚焦产学融合创新，构建共同话语体系。经过深入研讨和反复凝练，学校确立了“知行合一、立德树人”的核心理念，形成了“以卓越的创新教育与实践造福社会”的价值共识，把勇于担当、善于学习、敢于超越作为人才培养目标的关键词，紧扣“解决产业实际问题能力”“创新精神和创业意识”等细化培养标准，着力建构“产学融创”价值共同体，支撑引领地方科技产业发展。

企业参与职业学校的专业设置是实现专业与职业岗位紧密对接的保障。长期以来，由于职业学校没有处理好企业人才需求和职业岗位（群）变化的灵活性与专业设置的稳定性之间的矛盾，导致职业学校培养的学生“就业难”与企业“用工荒”的问题同时出现，呈现出职业教育与企业脱钩的现象。职业教育的专业设置要按照某一职业岗位（群）对相关人才的知识与技能的要求进行，强调职业能力的培养。职业学校的专业设置不能在不了解、不清楚职业岗位（群）现状的情况下由学校内部进行。若企业对职业岗位所需要的人才规格、知识与素质结构、职业能力等内容有清晰的认识，就能够在这些方面对职业学校的专业设置提供指导意见。企业参与专业设置，能够在教学过程中根据企业的用人需求和职业岗位的变动情况及时调整教学内容，实现专业设置与人才需求之间的动态平衡。因此，只有企业与职业学校紧密对接，不断优化专业设置，才能实现专业与职业岗位的紧密对接。

二、协同创新，选择校企合作协同育人项目

基于产教融合的“校企一体化”协同育人是指，充分发挥香港、广州、深圳三个中心城市在酒店物业管理服务行业领域对珠三角地区的引领和外溢作用，引进更高端价值的香港物业服务理念，推进港澳与内地酒店物业服务业执业资格的互认，从而实现专业与产业、职业岗位对接，专业课程内容与职业标准对接，教学过程与生产过程对接，学历证书与职业资格证书对接，职业教育与终身学习对接，达成“校企一体化”协同育人的目标。

2020 年 1 月 20 日，为贯彻落实《国务院办公厅关于深化产教融合的若干意见》（国办发〔2017〕95 号）和《关于加快建设发展新工科实施卓越工程师教育培养计划 2.0 的意见》（教高〔2018〕3 号）等有关文件精神，深入推进产学合作协同育人，教育部办公厅印发《教育部产学合作协同育人项目管理办法》。《办法》规定，产学合作协同育人项目实行项目制管理，包括新工科、新医科、新农科、新文科建设项目，教学内容和课程体系改革项目，师资培训项目，实践条件和实践基地建设项目，创新创业教育改革项目，创新创业联合基金项目。

项目制是指政府运作的一种特定形式，即在财政体制的常规分配渠道和规模之外，按照中央政府意图，自上而下以专项化资金方式进行资源配置的制度安排。所谓专项化是指政府间的分配资金越来越多地以专项或项目的方式进行。政府间的转移支付资金中，有相当大的一部分被政府部门指定了专门用途，戴上了各种项目的“帽子”，以期严格体现资金拨付部门的意志。相对于常规制运作，项目制具有不确定性和间断性等特征，即专项资金常常因事而设、因事而变，特别是各部委系统发放的专项性资金无法纳入各级政府财政体系，具有“体外循环”的特点，在再分配环节上有着较大的随意性。

而在高等教育领域，由于项目制所具有的竞争性，因而它也成为政府以此配置教育资源的一个重要手段。2002 年之后，我国高等教育领域正式进入“常规式 + 项目制”混合的治理阶段。近 20 年来，随着我国高等教育的内涵式发展与外延式发展的双重推动，项目制在高等教育治理领域发挥的资源配置作用和功能越来越明显。当前，大学“双一流”建设更是把高校项目制运作再次推到“风口浪尖”。各级各类项目制运作成为高校争取政府资源的一种重要手段，并成为衡量高校发展的一个重要砝码，高校项目制在教学、科研、人才培养中的运作表现更为突出。近年来，随着我国对高校教学工作及其人才培养工作的高度重视，教学项目、课程培育项目、人才创新培育项目等国家级、省部级、地厅级等项目亦层出不穷。在各种项目制的推动下，科研项目化、教学项目化、人才培养项目化等问题也得到了学者和管理者的高度关注。

校企项目合作指企业委托课题给校方团队，合作双方属于平等协商的合同关系，也称为“横向课题”。校企项目合作可以按以下方面进行划分：

（1）委托单位：政府部门、企业、事业单位、其他社会团体等。

（2）项目性质：科学研究类、技术攻关类、决策论证类、设计策划类等。

（3）项目类型：技术开发、技术转让、技术咨询、技术服务、软课题等。

（4）付款方式：一次性付款、分期付款。

（5）成果转化模式：书面式、产品式。

目前，由于校企项目合作的参与方、结果评价方为同一主体，即企业方，评价结果缺乏可参考性，所以可由政府牵头构建多元主体第三方评价机

构，采取定量与定性相结合的方式对项目进行评价。当校方和企业在合作过程中产生分歧时，评价机构可以起到中间协调和仲裁的作用。高校应提升内部治理能力并正确把握横纵项目关系：

（1）提升高校科研管理能力。具体如下：①简化横向课题经费使用和报销流程，提高教师经费使用自由度；②对老师进行分类管理，对于横向课题任务比较重的、在这方面积累了一定的经验、有一定企业资源的老师，尽量给予他们充足的时间去做深入研究；③鼓励学生参入校企合作项目，可以将其纳入学生综合素质评价体系安排。

据《2017 年全球创新指数报告》显示，粤港澳大湾区创新指数位居世界第二。湾区富集的创新资源为创建一流的“产学融创”平台奠定了良好的基础条件。学校在推进新型高水平理工科大学建设过程中，整合粤港澳大湾区优质创新资源，围绕智能制造领域等产业需求，凸显大学对区域创新系统构建的贡献度，强化科技成果的培育及转化，由杰出人才领衔主持，依托学校显著的区位与产业优势，整合多方优质创新资源，创建了生态环境工程技术研发中心、激光先进智能制造工程技术中心、增材制造与智能制造研究院、智能制造工业网络安全工程实验室、机器人与智能装备创新中心、工业 4.0 智能设计协同创新平台、多能互补的分布式能源系统关键技术与示范中心等多个重大科技创新平台。重大科技创新平台的建设，突破了传统科研平台建设的路径依赖，整合利用了区域内国有科研机构和龙头企业等优质科技创新资源，快速提升了学校的整体科技创新水平和支撑引领产业发展能力。

三、靠前培养，选派岗位技能职业导师

岗位技能导师制是在大系统教育观的指导下，围绕高技能应用型专门人才的培养目标，在不断探索与实践的基础上，逐步形成的一种以职业岗位技能培养为主线，根据学生对职业方向的选择，由校内和行业企业专家担任导师，采用“1 带 N”的形式，融教、学、做为一体，分阶段、渐进式强化学生职业能力的一种技能培养方法。其主要特征有：

（一）以大系统教育观为指导思想建立优质导师资源库

顺利实施导师制的前提是拥有一支数量充裕、具有“双师”素质的高水平专业教学团队，但实际上多数高职院校中的“双师”素质教师尚不能满足教学的需要，尤其对于实行岗位技能导师制中“1 带 N”的要求更是难以满足。导师资源的相对匮乏已成为制约实施岗位技能导师制的瓶颈所在。针对

这一问题，我院树立大系统教育观的办学观念，在教育资源利用方面打破校园樊篱，充分实现了社会优质资源的共享——聘请兄弟院校的专家及行业企业专家、技术骨干和能工巧匠等作为兼职导师，建立优质导师资源库，较好地解决了这一难题。另一方面，放眼社会大系统，和校外相关单位广泛签订合作协议，通过校企合作为学生提供岗位实践和顶岗实习的机会，为学校推荐符合要求的导师和培养具有“双师”素质的教师。

（二）以生为本，试行“先学后选”制

学生是学习的主体，要想达到最佳的学习效果，必须变学生的被动学习为主动学习，最大限度地发挥学生学习的自主性。一般情况下，学生入学前已选定了专业方向，即使经过一段时间学习之后发现对专业方向不满意，也很难进行调换。为充分体现“以人为本”，将学生的学习与兴趣、职业生涯更好地结合在一起，我院实行了大类招生，不细分专业。第一学期先对新生进行通识教育，在这个过程中，有目的、有计划地安排各相关专业的导师以举办讲座、指导认识实习以及座谈和个别谈话等方式，对学生进行引导和影响，使其对自己将要选择的专业有一个比较清楚的认识，对自己未来的职业生涯有一个初步的设计，对导师有一个初步的了解。学生进行了一个学期的学习后，专业的自主选择被提到日程上来，此时学生将根据对专业和有关导师的了解，按照自己的特长与兴趣对专业方向、技能导师和实训岗位自主进行选择，在整个选择过程中导师只进行引导，决定权完全在学生手中。

（三）融教、学、做为一体的全程引导

学生一旦选定了导师，就要开始按照相应的程序，每周定期接受导师的指导。学生在导师的指导下，通过参与导师所承担的真实项目，在实际工作项目中掌握知识、培养能力，逐步获得所从事岗位或岗位群的必要技能，具备顶岗工作的能力。在岗位技能导师制中，导师对学生进行的不仅是技能方面的指导，而且是全方位的全程指导。导师和学生在学校学习的过程中，在不同阶段分别扮演着不同的角色：导师在学生入学时担任的是职业生涯设计导师，在学生选定未来职业方向后担任的是学生的岗位技能培养与训练导师，在学生毕业后还可以长期甚至终身担任其职业指导的顾问；学生在参与实际项目的过程中也实现着不同角色的转变：“打杂工”—“助手”—“工作人员”。在整个过程中，以实际工作项目为纽带，实现了学生在做中学、导师在做中教，融“教、学、做”为一体，形成了师生间的现代“师徒”

关系。

（四）学生评价重心的转移

为了更好地培养学生的岗位适应性，努力实现学生毕业与就业之间的零距离衔接，我们在岗位技能导师制的实施过程中，相应地改进和完善了学生质量评价体系，实现了学生评价重心的转移。具体而言，就是将学生质量评价由理论考核为主过渡到以技能考核为主；由校内教师考核为主过渡到以校外指导教师考核为主；由“理论＋技能”的双因素评价体系完善为“理论＋技能＋导师综合评价＋实习单位评价”的包括职业能力、职业素质、职业道德等评价要素在内的多因素评价体系。这样一来，不但使学生更加明确了学习目标，而且还帮助他们进一步增强了学习的主动性和自律性，同时也使得对学生的评价更符合社会对用人的要求，从而促进了学生的高质量就业。

四、成果转化，建设校内生产性实习实训基地

依托广东省二批高校科技园培养单位及以高科技企业为代表的若干科技企业孵化器单位，大学科技园建设应鼓励具有自主知识产权的高新技术产业主动参与，建设重点领域的粤港澳联合实验室和研发中心，支持更多港澳高校和有关机构积极参与国家科技计划，引导港澳及国际企业在广东省设立研究院和研发机构，并通过科技体制改革和创新政策制定，加快粤港澳跨行政区的广泛交流和合作，共建粤港澳大湾区大数据中心和国际化创新平台。此外，要以市场化、国家化为导向，树立新的教育、人才培养理念，完善教育、科技管理体制机制，提升高校高等教育的建设水平，优化课程质量、办学规模、教学效益等，为提升粤港澳大湾区教育、科技合作提供支持。

高校内建立生产性实习实训基地是达到高校实践教育目的的良好平台，集多种功能于一身，对人才培养质量有重要影响。生产性实习与实训基地如具有完善的功能，则会建立起良好的生产环境，学生在实践中学习，通过实践调动学生的学习积极性与创造性。高校教育特别是职业性高校教育的目标是培养技能性、应用型人才。和传统消耗性实习实训基地不同，消耗性实训只是为学生提供实验与练习的场所，不承接任何生产任务，因为基地运行出现消耗，加之自身没有经济效益，依赖外界输入，一旦学校资金不足、政府投入减少，则难以维持消耗性基地的运行。

1. 校企共建，引企入校模式

此模式中企业与高校均是投入主体，生产性实习实训基地的建设过程中需要双方共同投资，开展企业运作，高校负责理论教学与管理工作，企业负责生产与实训，属于企业入校型运行方式。高校与企业合作，由学校提供管理和场地，企业提供技术人员、原材料及相关配套设备，学生进行生产性实习与实训。此模式有两种表现形式，其一是校企是共同体，学校下设以企业命名的学院，设置订单班，双方共同制订人才培养计划并签订相关协议，企业参与高校培养人才的各个环节；其二是股份制生产性实训基地，即企业和高校根据现代化企业制度，以智力股份、资本股份、生产要素股份，建立股份制企业或将校内原有实训基地改造成股份制企业，以提高生产性实训基础的发展能力与“造血”功能[1]。

2. 以高校为主体开展自主经营的模式

此模式中学校是建设校内生产性实习实训基地的主体，以高校为核心开展技能服务、实训与生产的模式属于自主经营的运行管理模式。高校在校内建设生产性实训基地，在提供技术服务、开展经营业务、生产产品时，让学生完成实训任务，其表现形式分为三种：一是高校自筹资金创办企业，教师充当技术骨干，促进企业的经营与管理[2]；二是教学工厂型，高校注入资金进行实训基地建设与管理，选择来料加工、项目外包等方式，小批量生产产品，进而得到相应的经济效益；三是科技服务型，高校建立科技服务、应用研究机构，借助技术优势为社会及企业提供新工艺、新技术、新产品的开发与服务，此类型校内生产性实训基地是未来高校发展的方向，可以用在技术开发、应用研究平台上。

五、渠道融合，行业组织构建行业指导工作体系

2010年，《教育部关于批准成立全国财政职业教育教学指导委员会等43个行业职业教育教学指导委员会的通知》印发，决定成立43个行业职业教育教学指导委员会，以期在以下方面充分发挥指导作用：分析研究国家经济建设、科技进步和社会发展，特别是经济发展方式转变和产业结构调整升

[1] 彭辉. 创新型实训基地建设研究与实践——以渤海船舶职业学院为例〔J〕. 船舶职业教育，2016，(06)：4-9.

[2] 李娜. 高职院校会计实践教学模式创新探讨——“教学公司”理念下的校内会计实训基地建设研究〔J〕. 现代经济信息，2016，(21)：371-372.

级对本行业职业岗位变化和人才需求的影响，提出本行业职业教育人才培养的职业道德、知识和技能要求；指导、推进教育部门与本行业教产合作，学校与企业联合办学，校企一体化建设；指导推动本行业相关专业职业院校教师到企业实践工作，提高教师专业技能水平和实践教学能力；推进中等职业学校相关专业实施“双证书”制度；研究提出本行业中等职业教育的培养目标、教学基本要求和人才培养质量评价方法，对专业设置、教学计划的制定、课程开发、教材建设提出建议；参与制定本行业中等职业教育教学基本文件、专业设置标准、实训教学仪器设备配备标准和教学评估标准及方案；受教育部委托，组织开发本行业相关专业的教学指导方案，指导教学改革实践；组织本行业相关专业教学经验交流活动等。

同机械行指委一样，两年来，根据国家产业优化升级的目标、任务和要求，各行指委积极参与到职业教育的各个环节中，参与制定专业教学标准。有关行指委和原高职教指委遵循技术技能人才的成长规律，对接职业标准、职业资格标准，结合企业实际生产过程和典型工作任务，参与制定了 410 个高职专业教学标准，正在研究制定 321 个中职专业教学标准。新的专业教学标准围绕战略性新兴产业、先进制造业、现代服务业和现代农业等产业的现实需求与发展趋势，在社会上产生广泛影响。推进校企合作办学。各行指委利用与企业紧密联系的优势，推动职业院校与企业间的深度合作，积极开展校企一体化办学实践，推动专业与产业、企业、岗位对接。如林业行指委建立林业职业院校董事会，支持林业企业参与林业职业院校办学，构建校企共同育人的人才培养模式，探索建立人才共育、过程共管、成果共享、责任共担的合作机制；商指委与中国商业联合会合作，确定了推进产学结合、深化校企合作的战略，共同研发人才培养标准、企业质量标准、职业资格标准，为全国商业职业院校校企合作搭建平台；物流、纺织服装、有色金属等行指委通过结对子方式，整合资源，推动学校与企业共建产品设计中心、研发中心和工艺技术服务平台，推进人才培养模式改革。各行指委指导职业院校根据职业活动的内容环境和过程改变人才培养模式，实现教学过程与生产过程对接、学历证书与职业资格证书对接，实现终身教育，着力提高学生的职业道德、职业技能和就业创业能力，促进学生全面发展。推动本行业企业积极接受职业学校学生顶岗实习，探索工学结合、校企合作、顶岗实习的有效途径。各行指委还积极推动本行业企业积极接受职业院校学生顶岗实习。外经贸行指委积极推动会员院校以实现教学过程与业务一线操作过程对接为目标，推进人才培养模式改革。机械、财政、粮食等行指委利用教学改革研讨会、人才培养成果展示、创业大赛等活动，推动职业院校教师提升专业教学水平。

粤港澳三地在教育和科技领域的基础性制度壁垒使跨区域的教育、人才交流和合作存在较大法律、技术障碍，因此，亟须服务水平较高的中介组织进行协调融合。科技成果转化涉及高校、企业、政府的多方参与，在科研合作过程中更需明确成果的产权问题，以保护技术发明者的利益并确保变更决定权由发明者享有，同时也要为成果转化和投入市场提供专业指导，实现有效对接，保障专利拥有者可以将通过相关评估和测试、符合国际标准的创新科技成果转让给相关企业使用，并由此获得收入。成果转化和转让的过程应交由专业中介机构进行管理，为企业和技术人员提供法律咨询、成果转化、评估测试、会计等服务，促进转化的效率。

第六章 校企合作协同育人评价体系设计

第一节 学校评价体系

一、立体化管理与监控

1. 以大学生为立足点

高等教育的对象是大学生，出发点是大学生，是让大学生实现自我教育的途径。随着高校人数的持续增加，越来越多的人开始接受高等教育，他们的主体意识不断增强，生活方式更多样化，自我意识更强，也更自信，喜欢尝试新事物。他们见多识广，有思想、有理想，他们开放、张扬，在人生价值、科研学习、生活方式以及兴趣爱好各方面，每个人都会有自己的见解和取舍，形成了独立、自我的个性特点，崇尚个性彰显、敢于标榜自我、乐于追求的精神用以往单元化的管理模式，难以体现“面向全体学生，尊重学生的个体差异，让学生生动活泼地发展”这一宗旨，培养适应社会发展的人才。所以高等教育必须以大学生为立足点，以“生”为本，让学生参与到管理中来，给他们自我展示的机会和平台，发展其特长，展示其才华，让其看到自己在不同方面的变化和进步，激发内在的优势潜能。同时，学生管理工作者应用宽容大度的心对待他们的行为和表现，不能产生厌恶、反感，要重视大学生自我责任的教育，对大学生进行珍惜生命、对自己行为负责、对自己成才负责等自我责任的教育，承担起历史赋予的社会责任。引导学生根据自身的特点和可操作性，制定明确的目标，规划未来的能力，并把行为目标分解成便于定期检查的阶段目标，帮助其树立正确的价值取向。高校教育管理者要把握机遇，发挥新生入学教育的作用，抓住时机加强对当代大学生进行世界观、人生观和价值观的教育。让学生学会规划；了解大学四年要学会哪些东西；毕业之后要去哪里工作；从事什么行业；等等。在大学生的日常管理中，我们的教育工作者要坚持以人为本思想，尊重学生的自尊心，考虑学生的意见和建议，充分发挥学生自我管理、自我教育、自我服务的积极作用，做好人本管理，要一切从实际出发，把亲情与友情融入日常管理之中，让远离父母照顾的大学生感受到家庭温暖和人文关怀。对学生以鼓励为主，多从正面肯定，善于发现学生的优点和长处，让学生时刻生活在成就感中，最终实现自我价值。

2. 以班级、宿舍为主线

班级目前仍然是学校教育教学活动的基本单位，也是学生学习、生活的基本组织形式，班级管理的好坏对于班级活动能否顺利进行，对于学生能否健康成长和全面发展具有很大影响。在实践中我们可以发现这样的现象，同样的课程和老师教出的学生差异很大。笔者在前期调研中发现，有个专业两个班级，学期末考试一个班级 4 人补考，另一个班级 18 人补考，多的是少的 4 倍多，所以班级管理建设仍然是我们新时期管理过程中不容忽视的环节。在班级管理中，首先要做好班委会的选择工作。大学里，班委不仅是老师的助手，也是老师和学生们沟通的纽带，因此班委的选拔是很重要的，班委的产生要经过长期观察、竞选和班级投票等环节。同时，为了保证为同学们提供好服务，加强工作效率，还要淘汰大家不满意的班委。在大学生活中，要以加强学风建设为中心，以建设和谐班级、提高班级学习成绩为基础，可安排组织早读和晚自习，保证良好的纪律，营造良好的学习气氛，保持班级良好的学习风气，提高班级整体学习成绩，搞活动的同时调动同学们的积极性，让大家在娱乐中学习知识，做到有张有弛，在开展活动时树立集体主义观念，使大家有共同的追求、荣辱观、精神支柱和心理依托，在潜移默化中，使班级凝聚成整体。在大学里，学生近半天的时间是在宿舍里度过，而学校对宿舍管理工作的重视程度远远不够，如存在安全、卫生等问题。有的家长在新生入学时就提出为何宿舍没有空调、有没有单间、能不能换个向阳的宿舍等一系列问题，虽然不能一味地迁就这些需求，但也反映出目前大学宿舍的物质条件远远达不到社会需求的标准，再加上越来越多的高校实行“学分制”，使宿舍管理必须被重视起来。在宿舍管理中，学校必须

有严格的规章制度，做好学生和宿管人员的思想道德教育和安全教育工作，以学生为主，系院为辅，杜绝安全隐患和不良信息。要注重基础设施的完善，解决了“住”这个实际问题，学生才能安心生活和学习。管理上，要培养学生“以宿舍为家”的观念，既要搞好宿舍卫生、安全工作，也要注重人际关系的交往，构建文明宿舍。

3. 以专业、学生会、社团为平面展开

越来越多的学校开始实行“学分制”，在学分制下学生能够发挥他们的主动性和自律性，但也带来了许多问题，如因学生上课时间、上课地点分散而导致的如何合理选择课程、老师，分配时间等问题越来越多。很多学校采用“学长制”，让高年级学生参与到管理中来，并尽量选择同一专业品学兼优的高年级学长担任，以便于沟通和指导，建立专业年级间的桥梁，加强凝聚力。

二、课程质量管理与监控

教学内容设置与职业岗位工作类似，即学生在项目中发现问题、分析问题、解决问题等，在探究式教学背景下分析粤港澳发展中存在的科技滞后和产业结构问题，借助案例分析，引导学生认识整个创业过程。在教学中，为突出学生在课堂中的主体地位，应让学生自己探索解决方式，教师应重视培养学生创新、创业的行为，通过完成实践任务提高学生的创新自主意识和创业实践能力。

1. 引入先进的管理思想和模式

全面质量管理理论认为，优质的产品必定来源于受控的生产过程。因此，质量管理理论更强调对生产过程的监督控制，更重视生产过程的全面监督。这些质量管理的相关理论对高职院校建立课程质量监控体系具有借鉴作用。除此以外，还应将来源于自动控制理论的负反馈理论应用于课程质量管理监控体系中。

2. 高职院校课程质量管理

监控体系的分析在高职院校课程质量管理监控体系的建立过程中，应按照全面质量管理理论并结合负反馈控制理论来构建课程质量管理监控体系。质量管理体系遵循以下八项管理原则：以顾客为关注焦点，领导作用，全员

参与，过程方法，管理的系统方法，持续改进，基于事实的决策方法，与供方互利的关系。

（1）高职教育课程质量应满足学生的需求与社会的需要

对于高职院校而言，所谓的“顾客”既包括学生本身也包括社会。因此，高职教育课程质量应满足学生的需求与社会的需要。高职院校应改变传统的课程质量观，把课程质量的关注点集中到学生身上，坚持以学生为本，研究学生的需求和行业企业对人才综合素质的要求，并根据这一要求制定课程质量标准，调整人才培养目标、课程结构、教学内容。

（2）高职院校应营造出能促使课程质量活动进行良性循环的环境

高职院校应营造出能促使课程质量活动进行良性循环的环境。这有赖于学校党政领导以身作则，制订和实施人才培养规划，合理地分配任务、落实责任、监督评估课程质量。

（3）课程质量和学生知识水平及人格的塑造需要学校全员参与

课程质量和学生知识水平及人格的塑造需要学校全员参与。坚持以人为本，充分调动广大教职工的积极性和创造性，明确职责和职权，实行有效激励。

（4）高职院校应有各阶段的评价标准和培养子目标

高职院校在人才培养的各个阶段，应有各阶段的评价标准和培养子目标。通过达到每项子目标实现最终的培养目标。这个原则不同于最终评价结果原则，可真正实现事先预防、过程控制，促进课程质量的持续改进。

（5）高职院校应对教学因素进行统一、有效的管理

课程质量监控面对多方面的教学要素，如果对诸多的教学要素不能进行有效管理，最终则会影响人才培养质量，因此，应运用集成管理方法，对教学因素进行统一、有效的管理。

（6）高职院校应不断提高教育教学管理水平

课程质量的改进不是一蹴而就的，应在持续的改进过程中实现，将质量监控活动始终按照“计划—实施—检查—处理”的管理流程循环不停地运转，从而不断提高教育教学管理水平。

（7）高职院校应通过科学分析制定有效的、有针对性的决策

课程质量的提高必须建立在收集课程管理统计信息的基础上，通过科学分析制定有效的、有针对性的决策。在此过程中，课程质量监控机构要使用适当的统计技术，准确分析数据、监测运行、记录信息、及时反馈、有效决策。

（8）高职院校应发挥“供应方”的积极性达到提高整体业绩的目的

高职院校的“供应方”包括学生毕业时的中学及各类教学设备的提供商。应发挥这些“供应方”的积极性，让其参与到课程质量改进活动中来，以合作的方式达到提高整体业绩的目的。在此过程中，供求双方需要建立相应的联络沟通渠道，共同确保合作目的的实现。

三、质量评价指标与标准

（一）基本原则

1. 共性评价与个性评价相结合

全面体现党的教育方针，全面反映高等职业教育本质特征，全面适应区域经济发展和小康社会的需要，这是高等职业教育评价的共性标准。但是，由于我国经济发展的不平衡性从而导致了高等职业教育发展质量的不平衡性，沿海地区、中部地区、西部地区高等职业教育发展质量的“贫富”差异很大。因此，高等职业教育发展质量评价标准的构建既要考虑高等职业教育发展质量的共性要求，也要兼顾不同经济区域内高等职业教育发展的特点和基础。

2. 定性评价与定量评价相结合

定性评价与定量评价结合是高等职业教育发展质量评价的理想选择。一般来说，定量的描述是以定性分析为前提的；反过来，定性分析又是以定量描述为基础的。对一些抽象层次高、找不到典型价值事实的评价对象，应以定性评价为主，如高等职业教育发展质量评价标准中的核心条目、发展理念和发展特色等，无法进行量化评价，必须采取定性分析。

3. 为高等职业教育发展服务

为高等职业教育发展服务，这是高等职业教育发展质量评价的出发点和归宿。发展质量评价不仅引领高等职业教育发展过程的方向，而且可以为高等职业教育发展过程提供预警预报，为高等职业教育的协调发展提供全程服务。如果我们忽视了这个原则，评价结果就可能会出现偏差。例如，在高等职业教育发展质量评价中，如果片面强调高等职业教育发展的速度，而对发展质量重视不够，就会在一定程度上影响高等职业教育的发展质量。

4. 客观性、可信性、有效性的有机统一

客观性指的是评价主体对被评价客体要在充分调查分析的基础上，对客体进行客观公正的评价，不能带有主观偏见；可信性指的是评价结论要可靠，要有说服力；有效性指的是评价结论能准确反映高等职业教育发展活动的程度。在高等职业教育发展质量评价实践中，要协调好三者之间的关系，把高等职业教育发展质量评价结论建立在客观、可信、有效的基础上，这样才真正具有说服力，才是真正意义上的公正合理的评价结论。

（二）指标框架

高等职业教育发展质量内容是构建评价标准的主要依据，评价标准是评价内容的反映形式，是评价的框架结构。高等职业教育发展质量评价标准的内涵为发展条件、发展理念、发展规模与发展效益、发展结构、发展特色、资源持续利用、持续发展能力等。它们之间密切相关，又各有侧重，从不同的视角较为全面地评价高等职业教育发展质量。

1. 发展条件评价

要发展高等职业教育，必要的发展条件是不可缺少的。评价的主要条目包括校园、校舍、教师数量与质量、教学仪器设备、图书资料、经费投入等。这是高等职业教育发展质量的基本保证，离开了这些最基本的要素，高等职业教育发展质量就无从谈起。发展条件评价的核心指标为教师数量、质量与结构、经费投入比。

2. 发展理念评价

发展理念是高等职业教育的灵魂。高等职业教育系统整体也好，具体到某一高职院校也好，形成高等职业教育的某种特色，实际上是实践发展理念的产物。任何特色的形成，都需要有一个适应时代发展和符合教育发展方向的先进理念做支撑。其他发展资源良好，而没有先进的发展理念，同样不能推动高等职业教育健康有序发展。发展理念既是抽象的，又是实在的。作为精神层面的发展理念，存在于广大高等职业教育工作者的头脑之中，尤其是教育主管部门和高职学院领导的发展理念对整个高等职业教育的发展质量、高职学院的发展质量起着决定性作用。发展理念在实际工作中体现为教职工的工作状态、精神面貌、集体信念等，这是从精神层面进行评价的。从物质层面看，校园发展规划、建筑风格等，都能从一个侧面反映领导发展理念的

先进性程度。发展理念评价的核心指标为发展理念的先进性程度。

3. 发展规模与效益评价

目前，我国高等职业教育总体规模的扩张主要是通过增设新校来实现的，高等职业教育院校规模与效益并未明显提高。在规划长远发展战略时，必须把发展规模与效益作为一项重要评价指标。未来，高等职业教育的增长主要不是以学校数量的扩张为导向，而是以挖掘现有学校潜力、提高现有学校的内部效率、扩大现有学校办学规模为目标，盘活高等职业教育的“存量”，使之成为高等职业教育的“增量”，实现高等职业教育总体规模由数量型向质量效益型的发展。发展规模与效益评价的核心指标为规模效益和数量扩张的形式。

4. 发展结构评价

发展结构评价区域、行业的发展直接影响到高等职业教育发展结构的内容和效益。发展结构是高等职业教育资源优化配置合理程度的直接反映。专业结构评价的核心指标为专业设置覆盖区域产业结构的程度。层次结构评价的核心指标为专科、本科、研究生层次高等职业教育发展的比例。形式结构评价的核心指标为学历性高等职业教育与非学历性高等职业教育的比例。布局结构评价的核心指标为高职院校布局结构的合理程度。

5. 发展特色评价

什么是特色？人无我有，人有我优，即为特色。高等职业教育特色主要从四个方面评价：一是职业本位特色。职业本位是高等职业教育的本质特征，以生产、建设和服务第一线的职业岗位或岗位群作为自己的服务对象。二是人才培养质量特色。高职院校培养的人才质量是否高，不仅体现在使“产品”符合生产、建设、管理和服务第一线需要的规格，更重要的体现在社会对“产品”的满意程度。三是实践教学特色。构建理论教学与实践教学并行的两大体系。四是“双师型”教师特色。江苏许多高职院校建立了现代化的校内工业技术训练中心，“双师型”教师培养既立足于企业，更立足于学校自身，把“双师型”教师的工程师素质培养放到训练中心进行。发展特色评价的核心指标为特色的定位和社会认可程度。

6. 资源持续利用评价

高等职业教育是一种特殊类型的高等教育，它与普通高等教育有本质的不同，因此，不能用普通高等教育的质量标准来评判高等职业教育的发展质量，但可利用高等教育的丰富资源来发展高等职业教育。一是充分利用重点高校的品牌资源，积极发展二级职业技术学院，提高高等职业教育的生源质量，提升社会各界对高等职业教育的认可度；二是利用普通高等教育先进的教学仪器资源，为独立设置的职业技术院校教学服务，实现资源共享。这样，既盘活了存量，又扩大了增量，提高了利用率，同时，还可缓解高等职业教育大发展期间教育资源相对不足的矛盾。存量资源有效利用评价的核心指标为存量资源的利用率和共享面。

第二节　企业评价体系

企业评价就是各企业（用人单位）对毕业生（职业教育改革的直接受益者）状况进行的调查评价。一般来说，企业的这项工作主要是由企业人力资源部门负责完成的。客观地说，企业是毕业生的直接用人单位，他们几乎天天和毕业生在一起，他们有较长的时间对毕业生的工作做全面的了解，他们对每一个毕业生的态度和职业能力有着较全面的掌握，他们对毕业生已有的职业能力和应有的职业能力之间存在的差距有着清晰的认识，从这个意义上来说，企业对毕业生的评价不失为一种较好的评价方式，但是，企业对毕业生的评价往往深深地带着企业的烙印。众所周知，企业是以获取利润最大化为目标的，企业需要的是能够胜任生产第一线工作的员工，需要的是能够为企业创造较高利润的员工，而职业教育的目标则是培养人，一个重点在利润，一个重点在培养人；一个注重眼前，一个注重长远。两者在总体上确实有许多相同之处，但两者之间也存在着明显的差异。企业评价的最大弱点是可能出现功利化评价的倾向。

一、实习实训基地建设

鉴于粤港澳大湾区职业教育发展的不均衡现实，基于“共谋”全力打造一批具有国际竞争力的职业教育企业可尝试多元化路径进行培育：一是以职业院校为“主力”，通过鼓励师生在学校创业园内创办企业、吸纳中小型企业入驻学校产业园等形式培育出职业院校内部的“微型职业教育企业”，身

临其境地积累职业教育企业创办经验；二是以职业院校和相关企业为“双主力”，以粤港澳大湾区区域性校企合作精准政策的制定和优化为驱动，借助粤港澳产业集聚优势，通过产教深度融合培育一批特色型的“混合职业教育企业”；三是以实力型企业为“主力”，作为对国家层面“发挥企业重要办学主体作用，鼓励有条件的企业特别是大企业举办高质量职业教育，各级人民政府可按规定给予适当支持”宏观政策的积极回应，立足粤港澳大湾区建设需求，圈点几个大型企业进行“量身定制”，充分发掘企业办学潜力，充分给予办学支持，优先培育出卓越的世界一流职业教育企业。

高职院校只有以校内生产性实习实训基地为依托，才能为学生提供真实的职业环境和训练情境，从而将实践教学活动融入生产活动，使教学过程和教学内容靠近生产经营工作的实际，使课程设置和课程教学内容跟随产业和职业岗位的要求进行动态调整，实现学习与工作的结合、教育与实践的结合、学校与社会的结合；深化以项目为支撑、以任务为驱动的教学模式改革，实现高素质技能型人才培养目标。通过建设校内生产性实习实训基地，引入企业真实的工作环境，组织学生在真实的生产经营环境中完成生产与实训任务、接受实际生产经营活动的锻炼、获取生产经营现场的实际知识，可以有效地培养学生的职业行为、敬业精神和责任意识，进而使学生的职业能力、方法能力和社会能力在实践中得到锻炼、巩固和提高，提升学生的职业素质。

在校内生产性实习实训基地建设过程中，通过组织教师统筹社会教育资源、制订建设方案、确定功能设置、选配设备和参与建设等，可以有效地拓宽教师的知识面、加强教师的产教研结合能力。在实习实训基地的经营管理过程中，通过促使教师与生产经营活动保持紧密的联系，使教师始终与先进的技术、工艺保持迅速的对接，不仅有利于提升教师自身的专业素质，而且还有利于提高教师的实践操作技能和实践教学能力。

校企合作共建校内生产性实习实训基地，使基地成为校企双方利益的共同体，形成校企紧密合作的发展状态，不仅可以使校企双方获取和平衡各自的利益，而且可以通过技术服务和项目对接等形式，进一步加深校企合作的意愿，提升校企合作的水平，推动校企合作向纵深发展。校企合作共建校内生产性实习实训基地具有以下独特的优势：一是能为学生提供真实的企业生产经营场景，培养的人才能够更好地满足企业的要求；二是企业对市场的灵敏反应能力能够较好地解决学校教育相对滞后于市场的问题，有利于克服学校独自建设实习实训基地存在的相对封闭、对市场反应迟钝、设备更新困难等不足；三是实现了投资主体的多元化和管理的企业化，既节约了建设成本和运营成本，又有利于提升实习实训基地的管理水平和可持续发展能力；四是有利于校企之间形成紧密合作的发展态势，拓宽校企合作的广度，提升校企合作的水平。因此，在选择实习实训基地建设模式时，应把校企合作作为校内生产性实习实训基地建设的基本路径。

二、职业导师的选派

企业职业导师制是指企业中富有经验的、有良好管理技能的资深管理者或技术专家，与新员工或极具发展潜力的员工建立的支持性关系。导师制的推出是为了充分利用企业内部优秀员工的先进技能和工作经验，帮助、引领员工尽快提高业务技能、提升业务水平、胜任岗位要求、融入企业文化，并在此过程中不断超越自我。

职业导师制作为一种契约式培训方式，其优点如下：

（1）操作性强

可根据职业导师个人的能力素质、业绩成果、专长经验，结合培养对象的自身情况及实际工作需要，采用组织安排与自主选择相结合的形式，形成“一对一”或“一对多”的契约式培养模式。

（2）互动性强

人人都可以是导师，人人也都可以是培养对象。导师具有经验，培养对象年轻有活力，计算机、英语水平较高，所以在互动过程中导师也会看见培养对象身上的优势。例如，IBM 公司在“导师制”的基础上又提出“反导师制”，即让培养对象给导师做导师，使其能够将最新的时代理念、技术发展等带给导师，促进二者共同学习进步。

（3）针对性强

导师根据培养对象的需求制定培养目标，培养对象根据导师的特长和能力进行选择，培养对象和导师协商制订培养计划，通过双向互动提高培养的针对性。导师与培养对象的关系一旦建立，辅导便成为一种责任和义务，导师可在任何合适的时间和地点对培养对象实施培养，培养对象也可在任何需要帮助的时候，尤其是遇到具体问题时向导师寻求帮助。

（4）内涵丰富

近年来，导师培养内容已经从专业技术扩展到管理技巧、企业文化、人生观，甚至一些个人问题，并且和绩效、培训等相结合，形成职业生涯促进系统。

实践中，一些企业由于缺乏事前需求分析和正确评估、培养阶段缺乏激励与考核制度等原因在实施导师制培训模式后并未取得预期效果，因此，应注意以下问题：

（1）确定培训内容

在实施导师制之前，应对培养对象的现有知识和技能水平进行评估，确定该员工需要接受培训的内容。培训中心在此环节对培养对象采取360度评估方式，即从自我、同事、所在部门负责人、家人、朋友等多个角度进行评估，可有效避免评估的片面性。

（2）注重选聘导师

在导师的选聘上，应注重“德才兼备”。企业在选聘导师时多以理论知识和技术技能水平作为首要标准，而忽略“德”的必要性。但导师制培训不同于一般培训，其培训周期长，导师与培养对象关系更为紧密，导师的价值观、工作态度和理念、为人处世的方式等会因长期的教学活动而对培养对象产生极为深远的影响。因此，选聘导师时应特别注重其思想品德、个人素养，应选择爱岗敬业、乐于奉献、善于沟通、认同企业文化、具有良好职业道德的员工作为导师。

（3）培养计划要贴合工作实际，定性定量

培养计划是导师与培养对象在充分沟通交流的基础上，针对培养需求而制定的，应包含培养期间、培养目标、培养内容、效果评估、阶段性成果与总结等内容。培养计划一定要细致，可把任务明确到每一个星期，为培养对象树立短期目标和成长任务，通过目标和任务的完成使其感受到自身的不断发展。同时，计划内容应尽可能定性定量，为考核、评估提供便利。

（4）要定期考核，确保培养效果

一方面，要组织导师、培养对象所在部门的负责人定期考核培养对象，对于其学习进度、学习效果、实际工作表现、导师如何指导等信息及时予以记录存档。对于取得突出进步的人员，人力资源部可以考虑将他们引荐至更高一级的导师，并把进步作为日后晋升的参考依据之一；对于完不成培养任务、达不到预期目标的人员，则需对其进行全面评定，以决定是否继续为其提供培训。另一方面，要通过与培养对象的沟通交流考察导师在培养过程中是否尽职尽责，对于积极奉献、业绩突出的导师，要给予奖励；对于未完成培训任务的导师，应查明原因，明确责任，作为日后考核的依据。

“企业职业导师制”作为一种人才开发机制，通过在企业中构建一种良好的组织型工作学习氛围，能够最大限度地发挥人才潜能，为员工的职业生涯提供指导，并迅速培养出符合企业发展需求的优秀员工。在导师制实施过程中，要注重环节掌控，务求实效，使之真正成为助推企业人才发展的有效途径。

三、学生指导情况

粤港澳大湾区存在着“一国两制”“中西文化并存”“三个关税区”“11 个城市”的特殊格局。多元文化、多样制度、多方主体被嵌于粤港澳大湾区职业教育协同发展系统中，若不妥善地处理好“多重与一致”的关系，其冲突和矛盾必将造成粤港澳大湾区职业教育协同发展的困境。基于协同效应的激发和协同价值的凸显，未来粤港澳大湾区职业教育协同发展应进行理念创新，提倡“多重与一致的有机融合”的主张，即“多重”中求“一致”，“一致”中求“多重”。其中，学生顶岗实习经过大家的共同努力，取得了一定的成绩，但顶岗实习实施过程中存在的认识偏差、选点困难、跟踪松散、管理滞后等许多问题还有待于我们积极探索与实践。

1. 管理方面

第一方面是顶岗实习企业接纳存在较大困难，实习期间多岗位轮换的理想状态还存有距离。我们的愿望是每个专业固定若干企业，建成技术岗位搭配合理的校外顶岗实习基地。为顶岗实习企业做的有益事情较少，尚需挖掘合作的内涵，丰富校企合作内容，为持续合作奠定基础。第二方面是顶岗实习方案等指导性文件细则还需要进一步充实、完善，特别要明确实习期间的安全责任问题，解决分散难管问题以及指导教师与班主任对顶岗实习学生的双重管理问题。第三方面是需要解决实习中最常见最突出的问题，即仍然有少数学生不遵守考勤纪律、随意换单位，学生家长的参与程度低或干预程度大，个别指导教师与企业、学生、家长四方沟通不够及时等。

2. 教师方面

第一方面是学校指导老师人数的不足，加之学生顶岗实习分散，所以检查一圈费时费事，对深入扎实指导顶岗实习带来困难。第二方面是企业指导老师因工作比较忙，对顶岗实习学生的指导不重视，疏于指导，或者有些不愿意接触学生。

3. 学生方面

第一方面是部分学生吃苦精神较差。很多学生在顶岗实习单位工作任务重，经常加班加点，每天工作时间都在 8 ～ 11 小时，一个星期一般只能休息一天，学生们体力消耗与在学校相比要多出很多。工作相对辛苦是导致部分学生经常换岗的重要原因。第二方面是部分学生适应能力较差。从学校到企业，从学生到顶岗实习单位的实习生，需要学生转变观念，要求学生主动适应企业的要求，因为这是工作，是生活，不是在学校。而有的同学正是缺乏这种观念的切换，不理解顶岗实习的重要性，不明白高职生毕业后的就业方向，对专业期望值较高，认为所学专业同实习企业不搭边，因此不能尽快适应企业工作方面的要求，违规、违纪现象时有发生，无形中就拉开了同企业的“距离”，这是顶岗实习中遇到的又一问题。第三方面是部分学生沟通能力欠缺。有些行政、财务、销售工作岗位对学生人际交往的能力要求较高。但在顶岗实习过程中，部分学生缺乏必要的沟通能力，工作中抱怨学不到东西，很累，觉得单位很复杂，人际交往很困难。实质上，这些都是缺乏必要沟通能力的具体表现。从学校到企业，工作、生活环境变了，学生则应适应环境，适应工作要求。良好的沟通能力，是有效、愉快工作的基础。

四、学生培养成效

全范围培养。全范围培养的要旨是：学校各个管理层都有明确的职业素养培养活动和内容，将分散在学校各部门的职业素养培养职能充分发挥出来，使之都能够对学生的发展负责，相互协调，形成全范围的职业素养培养体系。相关培养内容包括：第一课堂教学、学生生活和自我管理、学生活动及管理、社会调查、学校文化建设与企业文化学习、校企合作、实训实习、考证考级、开设相关课程等。

全过程培养。全过程培养是指职业素养培养贯穿于新生教育到毕业教育的每个环节。

全员参与培养。全员参与培养指从教师、学生、教学辅助人员、教学管理人员及其他所有为教学服务的人员都参与到学生职业素养培养中来，从职业素养形成的各个环节、各个方面入手，做好预防、检查、管理、服务等工作，把学校制定的各种类型人才培养的任务层层分解、落实到各部门、各环节及个人，并建立各种规范标准，提高全员的工作质量。

将企业文化精髓多渠道、多途径地融入校园文化建设的各个环节，营造良好的职业道德培养环境；通过举办“与企业家面对面”等形式多样的活动，邀请社会精英或专业人士走进校园，宣传企业文化，把行业要求与学生职业道德教育内容紧密结合起来。

从学生入学开始，就要抓住时机进行职业理想和职业规划教育，使学生明确专业发展方向，逐步树立正确的职业理想。根据教育部要求开设《职业生涯与发展规划》《职业素养提升》和《就业指导》3门公共必修课，并根据各专业的不同，因地制宜地开发相应的选修课程，加强职业素养教育。如工商企业管理专业可开设知名人士创业案例等方面的课程，计算机网络专业可开设网络礼仪等方面的课程，会计证券投资与管理专业可开设中国四大国有银行发展历史等方面的课程，文秘旅游专业可开设有关地方语言发展、地方特色景点民俗等方面的课程。

在校内实训场所构建仿真的职业实训环境，可使学生熟练掌握操作技能。校内实训与校外顶岗相结合，推行工学结合、订单式培养模式，可使学生处于真实的工作环境中，在实践中提升其职业道德，养成良好的职业态度。

第三节　校企合作协同育人评价体系

一、校企合作协同育人的力度评价体系的现状

为打造双主体协同育人机制，构建产教融合、校企合作的良好模式，近几年来，虽然地方应用型高校在产学合作协同育人项目的数量上实现了快速增长，但校企协同育人模式形成时间较短，应用型大学协同育人缺乏足够的经验与科学健全的评价体系等系列问题，导致了部分应用型大学对专业教学与生产实践的平衡关系难以把握，无法实现学生综合素质与创新能力的显著提高。通过调研和查阅相关文献发现，目前在我国校企协同育人的研究中，特别是地方应用型大学对产学合作协同育人效果评价体系的研究工作，尚处于浅层次的起步阶段，其具体表现在：

（1）缺乏应用型大学校企协同育人的长效机制，难以保障科学全面的评价体系的构建。地方应用型高校在不断转型发展的进程中，必须从课程体系、实验实训基地建设、师资团队建设等多方面深度融合，立足于自身办学

的特点与优势，充分借鉴企业的资源与条件，不断探索发展人才培养的新模式，才能建立长效的合作机制，保障科学合理地构建协同育人体系。

（2）校企协同育人评价原则不清晰。校企协同育人评价是依据人才培养目标，对学校整个教育教学过程及结果进行的价值评估的过程，为学校的教学决策而服务。从调研的结果来看，目前各高校在开展育人评价工作中，都很好地把握了客观性原则和科学性原则，能够客观评价教师和学生，以人才培养目标体系为依据，相对科学地制定了有关评价标准，但忽略了指导性原则与发展性原则。育人效果评价的最终目的是找出学校办学的不足，所以应认真分析评价结果找出原因，在整个人才培养发展的过程中坚持评价与指导紧密结合，通过对评价结果的反馈进一步提升教育教学与人才培养的质量。

（3）校企协同育人评价过程不规范。地方应用型大学校企协同育人评价体系不是一个简单的指标组合，它必须将评价指标模块化分解，才能形成全面有效的评价结果。在整个评价过程中如有个别环节不规范，将会影响评价结果的客观性与全面性。当前，多数应用型高校的协同育人评价尚未形成完整的体系，更没有规范的评价标准，且评价对象单一化、评价手段简单化，所以规范协同育人评价过程是推进整个评价工作的重要保障。

（4）高等教育第三方评估组织制度不健全、缺乏独立性和专业性，且评估组织依附性过强，严重影响了第三方评估结果的权威性。因此，地方应用型大学迫切需要构建一套完善且独立的校企协同育人评价体系，有效发挥评估对应用型大学新工科人才培养的规范、导向作用，实现以评促建、以评促改、以评促管，同时，通过科学有效的校企协同育人评价工作，对教师的教学质量、学生的技能掌握等情况进行动态化、全方位的把握，促进学生专业知识和能力的提高。

改革开放初期，在经济发展水平存在落差的背景下，粤港澳间的经济合作在民间自主推动的功能性整合作用下蓬勃发展。随着广东与港澳间经济差距的缩小，“制度性”问题成为粤港澳合作的发展瓶颈。国际三大湾区的经验显示，在科学而完善的顶层设计框架之下，功能性整合只有同制度性整合相结合，才会有更广阔的发展空间。旧金山湾的区域地方政府协会自 1961 年成立至今，是指导旧金山湾区发展的核心制度安排；东京湾强调城市间的分工与协作，港口集群产业十分发达；纽约湾通过将金融资源与相关制度整合，拥有一套完整的金融发展体系。这些经验对于粤港澳大湾区的顶层设计、产业分工、城市建设等都具有重要的借鉴价值。同时，相关的经济学理论也为大湾区的建设给予了启示：区域制度与经济增长理论指出区域制度的创新能够提高区域内生产要素配置的效率，进而提升经济效益；经济整合理论提出制度性整合是推进区域一体化的关键环节；城市体系结构理论强调了网络型城市关系网建立的重要性。因此，多层面的制度创新应成为未来粤港澳大湾区建设的起点和重点。

二、校企合作协同育人的力度评价体系的构建

相对于传统的专业人才，未来新兴产业和新经济需要的是实践能力强、创新能力强、具备竞争力的高素质应用型人才。因此，在新工科建设的需求下，地方应用型大学协同育人评价体系必须紧紧围绕应用型人才培养目标，从多方面探索应用型人才培养质量的新标准，构建健全的校企协同育人评价体系，科学有效地评价校企协同育人情况，同时不断完善产教融合协同育人机制，以校企协同育人评价体系为抓手，不断提升应用型人才的培养质量。

（1）明确地方应用型高校人才培养目标和质量标准，建立人才培养目标。学校必须跟随国家要求乃至国际要求的人才培养质量标准，结合社会与企业的需求来制定本校的人才培养标准。人才培养目标是高校教育教学工作开展的行动纲领，指引着整个人才培养全过程的大方向。因此，明确人才培养的标准和目标，是构建评价体系的首要任务。

（2）构建校企合作深度融合的应用型课程评价标准和教学内容评价标准，探索与推行新的教学方法和教学模式。形成科学的课程评价体系是构建整个校企协同育人评价体系中的重要环节之一，在应用型人才培养标准的要求下，必须优化现有的课程体系，将应用型课程观、课程目标、课程内容、课程结构和课程活动方式等有机融合，使这些课程要素在人才培养的动态过程中统一指向应用型人才培养目标，确保在整个教学与实践环节中不脱离应用型人才培养目标的主线。

（3）构建校企合作深度融合的实验实训教学评价标准。应用型大学实验实训基地的建设是将工程中的具体过程重现，而不是过去简简单单只讲实验理论的老一套实验体系。因此，构建实验实训教学评价标准，既能保障校内实践平台的先进性，还能强调高精尖技术在实验实践教学中的含量，避免学生所学和企业需求相脱节。

（4）构建适应应用型人才培养的师资队伍评价标准。在新工科背景

下，应用型人才的培养需要建设一支“双师双能型”的教师队伍，通过“走出校外、请进校内”提升教师队伍的整体工程实践能力和水平，并建立和完善多元化的师资考评机制，提高在校教师的工程实践能力和实践教学水平。

（5）建立健全科学的评价反馈机制。创建高校协同育人评价的反馈机制，包含畅通的反馈渠道、科学的反馈方式以及后续的反馈跟踪。正面评价的反馈，能激发教师的教学热情、提高教学工作的动力，形成教与评的良性循环；负面评价的反馈，能够引发教师反思自身教学能力的不足，促进教学能力的不断提升。由此可见，通过对校企协同育人评价的有效反馈，能完善整体的评价体系，实现校企协同育人评价的意义，并提升高校的教育教学质量。

依据粤港澳对高等教育的要求，湾区内的创新实践项目需从高到低依次展开竞赛，从而培养大学生的创新实践能力，通过三层式的赛事训练体系，切实提高学生实践能力，围绕学生全面发展举办创新活动，提高学生的创业积极性。为保证三层式创新创业实践竞赛作用发挥，需要优化组织架构，保证竞赛的有效展开。一方面，学校层面要在符合创新创业培养要求的情况下，进一步促进技术转移、知识产权和支撑服务的完善与优化，形成科学、规范的管理制度体系。另一方面，学校要充分利用地方政府，联合成立产业技术的平台与组织，实现高校、企业与政府的联合互动，多方参与到创新创业培育体系中。

第七章 校企合作协同育人组织保障体系

习近平总书记在党的十九大报告中强调："要支持香港、澳门融入国家发展大局，以粤港澳大湾区建设、粤港澳合作、泛珠三角区域合作等为重点，全面推进内地同香港、澳门互利合作，制定完善便利香港、澳门居民在内地发展的政策措施。"粤港澳三地的融合发展首先在于人心的回归，人心齐则区域发展稳定。港澳自回归以来，在国家政策与内地市场支持下，经济保持平稳快速发展，社会繁荣稳定。但正如北京大学饶戈平教授所言，香港、澳门的回归缺少"去殖民化"教育的过程，导致港澳部分居民国家意识淡薄，与内地隔阂日益加深。研究粤港澳大湾区的教育和人才合作机制建设，实际上也能起到促进国家融合、维持社会稳定的重要作用。而对于粤港澳大湾区建设来说，加强粤港澳三地教育和人才合作机制建设，是打造教育和人才高地的重要举措，不仅有助于将大湾区建设成为宜居宜业宜游的优质生活圈，更有助于实现粤港澳大湾区"构建开放型区域协同创新共同体""打造高水平科技创新载体和平台""优化区域创新环境""构建具有国际竞争力的现代产业体系"，进而实现"建设国际科技创新中心"的发展目标。因此，粤港澳大湾区教育与人才合作机制建设，既是《粤港澳大湾区发展规划纲要》里的重要组成部分，奠定了粤港澳大湾区合作的社会基础，更是深化粤港澳三地合作的必由之路。

第一节　资金保障：政府和社会资本合作 PPP 模式

一、大湾区三地政府投资及政策支持

粤港澳大湾区在国家发展大局中具有重要战略地位。建设粤港澳大湾区，既是新时代推动形成全面开放新格局的新尝试，也是推动“一国两制”事业发展的新实践。

一直以来，中央高度关注并支持粤港澳教育、人文合作，随着 CEPA 协议和《粤港合作框架协议》的签署，建设最具活力和影响力的城市群成为粤港澳大湾区合作的主要目标。2019 年 2 月，中共中央、国务院印发《粤港澳大湾区发展规划纲要》，标志着粤港澳大湾区战略合作正式推进。国家对于粤港澳大湾区教育融合发展出台的一系列政策，极大地推动了三地合作发展。

粤港澳大湾区具有良好的经济合作基础，是中国综合实力最强、开放程度最高、经济最具活力的区域之一，在资金、渠道、人才、技术上优势突出。大湾区内拥有香港大学、中山大学等众多优秀科研院校，科研能力强劲且科研经费雄厚。2004 年，香港大学原校长朱经武与深圳市原副市长刘应力共同签署高层次专业人才培养合作协议书，并筹划在深圳开办香港大学研究生院，以加强两地的人才培养和科研合作。同年，广东省科学技术厅与澳门特别行政区政府共同签署两地科技合作协议，从科技、技术、产业、人才等多层面为两地科技合作制订发展规划，推动两地科技合作常态化发展。2009 年，广东省设立粤港共建创新平台专项资金，用以支持两地高校和科研机构建立联合研发中心，推动创新科技合作。近年来，粤港澳大湾区高等教育合作进入新的发展阶段，香港大学、澳门大学先后与内地合作办学，香港浸会大学与北京师范大学合作设立联合国际学院，澳门大学更是整体搬迁到珠海横琴办学，开始创新高等教育“新特区”发展模式。伴随着区域化、地方化发展以及各种相关公共组织网络的紧密结合，粤港澳大湾区在教育融合发展的过程中，依托三地优厚的高校人才资源、实验室和研究院、高新技术产业，共同制定合作目标和发展框架，借助政府、高校、企业及其他社会力量推动粤港澳大湾区达成建设国际科技创新中心的战略目标。2017 年，香港特区政府与深圳市政府签署合作协议，在落马洲河套地区共建“深港创新及科技园”。2019 年 1 月，习近平总书记在广东省考察时强调，要深化深港科技合作，凝聚创新发展动力，打造“深港创新圈”，推动粤港澳大湾区区域合作。

二、财税用地补贴优惠方案

放眼世界，我们面对的是百年未有之大变局，在诸多因素的作用下，国际经济格局将发生重大调整，世界各国竞相提升国际竞争力，我国正处于崛起的关键期。制造业作为立国之本，是我国崛起的关键因素，但当前却处于“两头挤压”之势，即以美国为代表的发达国家垄断产业链高端，越南等新兴国家凭借低劳动成本承接中低端产业。粤港澳大湾区将成为世界级湾区中最有发展潜力和强劲动能的一个湾区，是我国面向国际经济新格局、未来的新区域布局中极其重要的战略部署，需要以财政体系为核心的制度供给营造优良营商环境，形成融洽的产业关联，在较短时间内构建具有国际竞争力的现代产业体系，提高国际经济政治话语权。

（1）制定针对高新技术、先进制造业和现代服务业等领域的引导性税收优惠政策。基于粤港澳三地的税收政策，与深化国家供给侧结构性改革相结合，重点针对 3D 打印技术、生物医药技术、新一代信息技术、新材料等高新技术、先进制造业和现代服务业领域，制定相匹配的税收优惠政策。如企业所得税率较高的广东地区，建议实施一定额度的税收抵免或税收返还等措施，均衡三地各行业特别是先进制造业各行业税负水平，通过香港地区进行国际资源优化配置，推动粤港澳三地产业结构优化升级，成为我国经济的新增长点。

（2）构建跨区域财税政策协调机制。基于粤港澳三地财税制度存在差异，建议成立专门的粤港澳三地财税服务机构，直接负责“走出去”对外直接投资企业的相关业务，通过自贸区制度创新机制，健全粤港澳三地税收协定网络，完善纳税人权益保护机制，创建跨区域财税争议磋商机制，重点力争消除重复征税，切实降低三地各行业特别是先进制造业各行业税负水平。同时，协调三地之间的公共产品需求，基于开放包容、互利共赢，实现区域间公共产品有效供给，推动粤港澳三地经济贸易、技术交流、资本流动，实现粤港澳三地跨越式一体化发展。

（3）打造专业跨区域财税政策协调“网络化”服务平台。借助大数据、移动互联网等高新技术，建立财税政策公共信息服务平台，优化跨区域税源管理，加强跨区域税源监管，重点建立完善“网络化”税收报备制度，实时追踪监督企业税收征缴动态信息，强化“走出去”企业的关联申报管理。同时，提高反避税调查力度，严厉打击“走出去”企业利用国际合作平台的偷税、逃税、避税等行为，深入推进税基侵蚀和利润转移 BEPS 行动计划，促使“走出去”企业规范化经营管理。此外，借助财税政策公共信息服务平台，逐步以可数据化的“管事模式”代替当前的“管户模式”，实现“网上填报，即时享受”的便利化备案审批制，同时广泛收集各地区的税收制度、征管制度等实时动态，及时为企业提供对外投资的税收政策、纳税咨询等专项服务，提高对“走出去”企业的纳税服务水平。

三、职业教育集团注资模式

职业教育集团一般来讲分两种：一种是企业为了更好地发展，与特定的职业教育学校联合，来培养适应于该企业各个生产部门的专业型人才。另外一种是以政府为主导，在一定的区域内，多个职业学校联合组建大的职业教育集团。前者具有很强的专业性，而后者则具有一定的地域性。职业教育集团化是新的时代背景下提高资源利用率和工作效率的必然选择。集团化可以实现社会与学校、企业与学校、各个职业学校之间的资源共享，提高资源利用率，提升教学效率。使受教育者能更好地掌握企业所需的生产技能。从长远方面看，职业教育集团注资模式也必将促进企业和社会的发展。综合国内对职教集团各个方面的相关研究，我们给予职教集团做以下定义：职教集团是在新时代背景下，为了适应生产力发展的需求，各个独立的企业、职业学校、科研机构、政府部门以一定的方式联合，实现集团内资源共享，加强企业和学校的合作，培养社会和企业所需的高质量人才，使职业院校能更好地为社会和企业服务。

职业教育的进一步发展离不开资金的支持。我国的职业教育资金来源于以下几个方面：政府的投入，中央及各地方政府的财政预算；企业的投入，主要是企业对其所属职业学校的投入；校办工厂和学生的学费；社会的捐献和集资。

职业教育促进了社会的进步和经济的发展，社会和企业是职业教育的直接受益者，理应分担职业教育的成本。政府应出台政策鼓励社会、企业、个人投资，吸引民间资本进入职业教育。多元化的投资模式有以下几个好处：首先，可以降低政府的财政负担；其次，增加地方和社会对职业教育的积极性，资金的投入必然带来社会对职业教育的关注，群策群力使职业教育有更好的发展；再次，在微观上对宏观调控的不足之处进行弥补，政府对教育资金的分配是以大局为前提的，由于全国各地区社会、经济发展的不平衡，必然会出现经费分配的不均衡，社会资金的引入可以很好地弥补这一点；最后，增加灵活性、机动性。

第二节　人力保障：优化人才配套服务

一、完善人才社会保障服务

国际大湾区无一例外都具备开放包容、高效创新、宜居宜业等特征，扮演着引领地区乃至全球价值链跃升的引擎作用。国际大湾区之所以能够长久保持国际竞争优势，在激烈的竞争格局中不断实现自我超越和转型升级，很重要的一个原因就在于创业活动所带来的更替效应有利于产业结构的高级化发展。对于粤港澳大湾区而言，创业活力是否充足直接关系到湾区经济的发展速度和发展质量，而这又依赖于创业型人才的储备状况。大学生作为思维活跃程度最高、创新创业意识最强的群体，是创业人才培养和储备的中坚力量。因此，粤港澳大湾区要跻身世界一流湾区行列，就必须提升高校的创业教育质量，通过创业教育提高大学生的创业热情和创业能力，为大学生创业实践创造更多的条件，充分释放大学生创业所带来的“鲇鱼效应”，激发和保持湾区经济发展的活力。

与深圳市、广州市相比，中山市、惠州市等珠三角其他地区在高校和创新产业上优势较弱，但拥有良好的区位优势和数目庞大的港澳投资企业。经过改革开放 40 年的发展，珠三角地区产业体系发展完善，在电子信息、新能源、生物医药等新兴产业也取得较大发展。因此，珠三角其他地市可以在粤港澳大湾区教育合作和产学研一体化建设中承担辅助作用，鼓励符合条件的珠三角创新创业企业参与融资，通过风投机构推动设立粤港澳大湾区科研成果转化联合母基金，建设科技创新平台，充分利用地方特色资源为粤港澳大湾区教育和人才培育建设提供人力资源、市场支持。

（1）市场供给侧与需求侧驱动力

一方面，商业知识来源于市场的供给侧与需求侧两端合力；另一方面，

商科科学知识的价值需要通过市场的供给侧与需求侧均衡才能得以体现。为了应对越来越激烈的市场竞争，获取自身发展的更大空间，校企深度合作各方都需要利用和开发尽可能多的商科资源。高校和企业要实现优势资源互补，在市场供给侧与需求侧驱动合力的作用下，实现合作双赢的有效耦合。

（2）政府官方的调控力与制度供给侧创新驱动

通过引入政府官方的调控，可以在制度战略上实现政府官方系统地合理配置市场资源。官方政府通过调控商科教育校企深度合作过程，可促进各种商业知识和商业信息的有效耦合。

（3）资本支持力

在校企深度合作各方中，商科科学知识科研需要大量的必要的资本资金作为其支撑。因此，为商科科学知识科研提供必要的资金支持形成了推进商科教育校企深度合作和推进粤港澳大湾区商科教育校企深度合作创新驱动的关键保障。

二、推广人才社会化、市场化的行业协会认证模式

培养一大批实用型高技能人才，是我国建设有中国特色社会主义的大政方针之一。如何在新形势下客观、公正地评价高技能人才，建立和完善相应的高技能人才认证评价体系，做好顶层设计，是政府有关部门责无旁贷的责任。

1. 政府应做好高技能人才认证评价体系的顶层设计

积极推进对职业资格设置和管理等内容的相关立法工作，利用“互联网 +”和大数据的优势，通过建立全国统一的职业技能鉴定报名考试服务监管平台，对职业资格从设置到管理，坚持统一依法设置、归口管理、分层实施。严格实行职业资格清单制度，并建立调整更新机制，对目录清单进行适时调整、动态更新；健全职业资格证书管理办法，强化实时跟踪监管服务；加强职业资格信息化管理和服务，畅通社会服务和公众监督渠道，严肃查处职业资格证书挂靠、寻租等行为；建立高技能人才评价与培养、使用、激励等环节的有效联动机制，引导企业和劳动者积极组织参加培训，提高技能。

2. 有关部门做好对高技能人才认证评价的标准把控

规范高技能人才认证评价的考核标准，努力做到与时俱进，根据企业和社会一线工作实践的需要制定全国统一的考题规范参考标准，并适时更新；

降低对高技能人才论证评价对象的学历、理论知识等条件的门槛要求，对技艺高超的能工巧匠，应根据工作表现和工作业绩破格提拔；强化高技能人才认证评价的过程监管，坚持“社会效益第一、质量第一”的标准，有条件的地区可以尝试通过远程视频监控，对认证评价现场进行全方位的管控，适时通过视频进行指导和规范；对政府部门主导的职业资格鉴定的国考和省考，要加大全国范围内的督考力度，坚持全国“一盘棋”，真正体现公开、公平和公正原则；要加大对高技能人才认证评价的软硬件设施投入力度，包括考点场地要求、监控设备的更新管理、考场环境的要求以及考评员、督导人员的业务技能、职业道德要求和管理水平的提高等。

3. 做好对高技能人才认证评价的成果分享

按照职业资格清单制度，做好职业资格制度与高技能人才职业技能等级认定政策的有机衔接，建立职业资格、职业技能等级与相应的职称、学历比照认定制度，畅通高技能人才职业发展通道。坚持考培分离、鉴培分离的原则，组织好高技能人才认证评价。通过积极开展企业高技能人才评价活动，使企业高技能人才在企业生产操作等活动中发挥较强的创新创优优势。

一方面，粤港澳大湾区建设为高校学生提供了更广阔的发展空间和更多元的发展选择，湾区经济所带来的制度红利和集聚效应也给创业活动创造了更优良的营商环境和制度保障。另一方面，湾区经济的快速发展也对大学生创业活动提出了更高的要求，缺乏核心技术、风险意识薄弱、竞争实力欠缺的创业团队和项目在激烈的市场竞争中很容易遭到淘汰。为此，开展多层次的创业教育，充分满足高校学生对创业教育的多元化需求，对于高校学生了解创业流程、提高创业能力、弥补薄弱环节都会有所帮助。通过在创业教育中增加更多的实践环节、建立业界导师制度等方式，为高校学生创业需求提供更有针对性的引导和支持，有利于提高大学生创业成功的概率，也有利于为粤港澳大湾区的发展注入更多新鲜的活力。

第三节　技术保障：促进科研成果转化措施

一、深化科技成果三权改革

科技成果转化是科技从实验室走向市场的关键一步，素有“最后一公

里”之称，但是这一公里却往往最难走，科技成果转化难、转化率低是一项世界性难题，这个过程甚至被喻为“死亡之谷”。

高校在培育高等人才、知识创造、创新驱动经济社会发展上起着举足轻重的作用。在“大众创业、万众创新”的背景下，将科技成果转化为现实的生产力是高校的重要使命，更是高校促进社会服务的重要举措。在教育部和科技部联合发布的《关于加强高等学校科技成果转移转化工作的若干意见》中明确指出，科技成果转化是高校科技活动的重要内容，高校要引导科研工作和经济社会发展需求更加紧密结合，为支撑经济发展转型升级提供源源不断的有效成果。由此可见，高校的科技成果转化活动对于打造经济发展新引擎具有重要的意义。

作为科技成果转化的重要环节，知识产权的运营和保护为营造公平、开放的市场环境发挥了根本性的作用。在《国务院关于新形势下加快知识产权强国建设的若干意见》和科技体制改革的相关政策方针中，都对知识产权的保护给予了高度的重视。进一步而言，正是因为知识产权保护制度的日益完善，为高校科技成果的转化奠定了良好的基础。有效保护知识成果完成人的合法权益，是激发科研人员进行深度研发和成果转化热情的关键环节。但是，仅仅保护知识产权是远远不够的，现行的科技体制还不适应社会发展的需要，高校科技成果转化仍然处于论文发表数量多、成果实用性差、转化数量少的状况。

为进一步释放科技新活力、扫除科技成果转化障碍，中央和地方围绕《促进科技成果转化法》出台了一系列相关政策，推动知识产权“三权”改革，下放知识产权的所有权、处置权、收益权，从而更好地保障成果发明人和科研院所的权益，在此基础上，提升科技成果的利用率，实现科技与经济的有效结合。综合归纳这些政策方针中的相关内容，知识产权“三权”改革的具体内涵可以理解为：由财政资金支持形成的，不涉及国防、国家安全、国家利益及重大社会公共利益的科技成果，将其所有权、处置权、收益权下放给高等院校和科研院所，由相关承担者在期限内适时进行科技成果转化，并将所得收益合理分配给科研团队、转化团队。“三权”改革突破了国有资产相关管理体制对科技成果转化的束缚，作为推动高校科技成果转化的重要抓手，为贯彻实施创新驱动发展战略奠定了良好的基础。

科技创新对于国家经济实力以及国际竞争力的提升起着至关重要的作用，推进科技管理体制改革、落实知识产权“三权”改革是实现目标的重要推力。

所有权归属问题一直是高校进行科技成果转化面临的难题，因为涉及国有资产的问题，科研团队往往不轻易冒险。西南交大针对这一难题率先探索职务科技成果混合所有制，学校与职务发明人在专利权归属上按照3∶7的比例共享，通过将奖励权前置简化为知识产权奖励，实现了职务科技成果的混合所有。“西南交大九条”出台后，校内多项专利都实现了产权的有效分割，为科技成果的转化奠定了基础。虽然这场悄悄进行的改革在校内引起了巨大争议，但实践证明，政府在知识产权改革创新过程中应当进一步简政放权，在所有权问题上改变保守的管理理念，针对知识成果这一无形资产从国有资产固守的管理体制中剥离出来，下放知识成果所有权，充分发挥职务发明人的主体作用。也可借鉴美国《拜杜法案》中的政府保留介入权，在科技成果没有得到有效使用的情况下授予相关主体实施许可。除此之外，针对科技成果作价入股、国有股权奖励分割以及相关科研项目经费申请等需要经历教育部、财政部“两报两批”、审批手续复杂、审批时间长这一问题，政府相关部门需要及时进行调整完善、简化管理环节以保证科技成果转化的时效性。也就是说，在发挥政府有效管理的作用下，要积极推动科技成果“市场化”运行机制的实现。

二、设立大湾区专业化技术转移机构

广东省政府发布《关于强化实施创新驱动发展战略进一步推进大众创业万众创新深入发展的实施意见》（下称《意见》）透露，广东将创建珠三角国家科技成果转化示范区，与港澳共建国家级科技成果转化基地，并在此基础上推动大湾区高校、科研机构创新创业资源共用，建成粤港澳大湾区协同创新共同体。据广东省发改委介绍，广东正争取引进香港科技大学、香港城市大学等港澳知名高校在粤独立或与地方政府合作办学。同时，争取国家在大湾区布局网络资讯安全、干细胞与再生医学、人工智慧及机器人等重大领域国家重点实验室，支持大湾区打造科技创新高地。

《意见》明确，加强粤港澳大湾区科技创新合作及成果转移转化，鼓励与港澳联合共建国家级科技成果孵化基地、青年创新创业基地等成果转化平台。以此为前提，广东将建立统一的科技成果资讯公开平台，完善重大科技成果转化数据库，推动技术标准成为科技成果转化的重要表现形式和统计指标。

技术转移机构是指帮助技术成功实现转移转化的一个拥有一套工作流程

的由一个团队组成的机构，它是为了保障和加快科技成果的转移转化、改善传统产业陈旧、推动高新企业发展而提供服务的机构。

我国技术转移机构的分类如下：（1）市场上具有法人资格的独立运作的公司，这种公司可以细分为两种不用性质。一是大型研究型、生产型科技类国企在企业内部专门从事技术开发、技术转移的部门；另一种则是市场上民营的技术转移机构。（2）提供交易平台的各类市场或场所，如知识产权交易市场或各类技术交易市场。这类机构为不能独立实行转移功能，而是汇集大量技术成果，连接需求市场和技术供应方，给双方提供交易平台。（3）依托政府或当地政府政策建立的事业型机构，此类机构集成了政府特色，是政府信息的发布平台，体现了政府促进某种技术的推广、技术交流会的承办合作、投融资和招投标的管理及政府项目的申报评估。（4）依托大学内的科技研究机构建立的内部机构或企业法人，这种类型占所有技术转移机构的比例最大。美国大约有 300 多高校设有技术转让（许可）办公室，有 57 个州级中小企业发展中心，其中 47 个设在高校内。

与大型企业合作研发，实现科技成果产业化。强化相关新技术开发，培养引进相关科技开发及研究人才，推进技术创新并进行市场推广和应用。技术转移机构以大学技术、人才为依托，面向国际科技前沿和行业重大需求，提升技术水平，以研发与成果转化、人才培养、师生创业相结合，努力将龙头企业建成行业一流、国际领先的科技研发基地和高新技术产业化基地，逐步实现技术转移的功能。

实现从小众到大众的思维转变，加强高校间、政府部门间的横向交流合作。高校技术转移的传统瓶颈问题将是一个长期存在的过程，解决这一问题的首要渠道之一就是基金探索内联外引，关注技术放大与集成的新路，在对内强化科研队伍建设、瞄准行业共性技术和关键技术的同时，系统整合校内外各学科门类人力资源，进行联合攻关，对外立足于市场需求，加大与行业内企业（无论大小）的产学研合作，采取积极的态度和措施，加强与各地政府部门的联系与合作，通过推动多层次、多渠道、多形式的合作，围绕科技攻关、成果转化、市场分析、决策咨询、人才引进和培养等主题开展全方位、深层次的产学研合作，优化产学研联盟体制机制。

科技园区需围绕高校技术转移机构进行筹备建设，科技园区初步筹建最重要的三部分为科技区、创意区、商务区，集科研、投资、创业于一体，支撑学校的学科建设，提升科研实力，将优势学科与优势产业相捆绑，吸引支撑科技创新的高新企业入驻，鼓励、支持师生以技术入股、成果转化和创办学科型公司等形式的创业，形成技术转移发展合力。

三、建设区域性科技成果产业化基地

传统的科技成果转化模式是高校院所科技成果对接企业，以实现成果的转化落地。国务院办公厅印发的《促进科技成果转移转化行动方案》（以下简称《方案》），指明在“十三五”期间，将推动一批短中期见效、有力带动产业结构优化升级的重大科技成果转化应用。建设100个示范性国家技术转移机构，支持有条件的地方建设10个科技成果转移转化示范区，在重点行业领域布局建设一批支撑实体经济发展的众创空间，建成若干技术转移人才培养基地，培养1万名专业化技术转移人才，全国技术合同交易额力争达到2万亿元。《方案》指出，瞄准节能环保、新一代信息技术、生物技术、高端装备制造、新能源、新材料、新能源汽车等战略性新兴产业领域，依托国家自主创新示范区、国家高新区、国家农业科技园区、国家可持续发展实验区、国家大学科技园、战略性新兴产业集聚区等创新资源集聚区域以及高校、科研院所、行业骨干企业等，建设一批科技成果产业化基地，引导科技成果对接特色产业需求转移转化，培育新的经济增长点。

优化区域空间，保障发展要求。科学规划、集约利用土地资源，做好基地规划调整，为基地后续期间的发展释放更多的空间。目前，基地可利用土地资源有限，通过对基地的规划调整，未来几年着手对基地部分地块容积率适当提高。

注重招商品质，提高发展水平。围绕构建便捷高效的信息感知和智能应用体系，依托园区内万达、杉德等骨干企业，引进、培育与其上下游相关、协作配套的生产和服务企业融合进基地。

创新服务模式，塑造品牌形象。充分利用基地软件信息技术专业孵化器运营多年的实践成果，根据基地企业的需求，做好资源的整合和集成，为企业提供融资、技术、人才、培训、管理、财务、市场、成果转化等针对性服务，形成适合园区创新创业服务的品牌。积极做好基地已有的知识库、构件化服务平台、嵌入式技术服务平台以及软件质量测试保障平台与基地企业对接，不断完善、延伸技术服务内涵。同时，根据基地企业发展的需求，加强与大数据公共服务平台、大数据产业技术创新战略联盟等平台或联盟的联系和对接，为基地企业提供技术支持服务，探索技术和产业的拓展服务。创新孵化服务的模式，探索“孵化＋投资”的服务运作模式。设立基地科技创新专项资金，来源于年房租收入的 8%～10%，每年选取一定比例的孵化企业，施行持股孵化或通过提供增值服务入股的新型业务服务模式，帮助企业做大做强。

建立软件信息技术产业联盟。充分发挥企业的主体作用，突出产学研合作的市场导向，依靠政府组织协调有优势的企业、高校和科研院所实现技术联合，使联盟各方各得其所、求得共赢。利用基地内一些发展稳定、有资金积累，同时也有比较强烈的转型欲望的企业，积极鼓励或与这些企业共同合作建立企业众创空间，既满足企业自身发展的需要，同时基地借助企业的资金、人力资源、渠道优势更加精准地服务创客及其项目，提升基地创新创业服务的质量和水平。建立由融资机构、银行、产业基金等机构组成的科技金融服务平台，以满足基地企业在不同阶段，尤其是种子期、初创期企业的资金需求。

第八章 实践案例

一、山西大同大学数字媒体技术专业产教融合理念下应用型本科院校多元协同育人模式[1]

山西大同大学数字媒体技术专业培养理论基础宽厚、具备一定的文化艺术素养，掌握教育技术基本理论、教学系统设计方法、信息技术和数字媒体技术，能够胜任信息技术课程教学、企业培训设计与实施、数字教育资源开发与管理工作，面向各级各类学校、培训机构、文化宣传部门和企业人力资源部门等具有创新精神和实践能力的应用型、复合型人才。

1. 以产教融合为抓手，搭建生态资源多元协同育人平台

山西大同大学数字媒体技术专业于 2011 年开始正式招生，2017 年入选教育部“高校数字媒体产教融合创新应用示范基地项目”首批合作院校，与教育部学校规划建设发展中心、凤凰卫视集团・凤凰教育全资子公司（以下简称“凤凰教育”）签订了战略合作协议，开启了政府、数字媒体行业、相关产业、高校多方参与人才培养全过程的办学模式，搭建了生态资源多元协同创新育人平台，包括多方参与修订人才培养方案，满足人才培养的社会需求性；多方共建实践教学环境，创新实践教学方式；多方组建教学团队，优化师资队伍结构；多渠道建设教学资源，更新课程内容；多方制定合作机制，保障合作办学持续发展。从而携手提升人才培养质量，满足山西省、大同市、“乌大张长城金三角”区域文化创意产业的人才需求。

[1] 赵慧勤，陈晓慧．产教融合理念下应用型本科院校多元协同育人模式研究 [J]. 教育理论与实践，2018，38(36).

2. 以服务地方文化产业为导向，明确人才培养目标

根据山西省、大同市及“乌大张长城金三角”区域文化产业发展对数字媒体技术人才的需求明确了培养目标，即掌握数字媒体设计与制作相关的（图形图像、游戏动画、摄影摄像、音视频制作、网站开发、三维建模等领域）基本理论与方法，有较高的文化艺术素养，熟练掌握动画和音视频制作技术、游戏设计和开发技术、交互式设计技术等，能够从事影视动画创作、数字音视频和数字游戏等新型的数字媒体作品的设计、制作、技术支持等工作，服务于地方文化创意产业，面向游戏产业、网络媒体、广告业及出版业、旅游业、影视公司、动漫企业、学校等单位，具有创新精神和实践能力的应用型、复合型人才。

3. 以行业产业标准为依据，构建课程体系

根据人才培养目标，以“四新”（新思想、新模式、新内容、新技术）、“四实”（实际、实用、实践、实效）的教育教学理念为指导，以行业产业标准、规范为依据，与凤凰教育、周边区域各电视台、游戏开发公司、移动互联网络公司等共同构建与产业、行业所需能力、素质相协调的“3+1”（三平台一环节）课程体系。其中，“三平台”包括公共基础教育平台、学科专业基础教育平台、专业教育平台；“一环节”指独立设置的实践教学环节。

4. 以创新教学理念和教学方式为目标，提高师资队伍水平

在多元协同育人中，大同大学聘请了行业或企业专家加入教学团队中，建立起“双导师制”队伍，实现了“教育与产业同步”的教学理念和方式。高校教师的主要任务是改革教学方法，强化学生知识体系的构建，采取班级授课式、小组协作式、自主探究式等教学组织形式，并实施课堂讲授法、任务驱动法、发现教学法等，同时推出专题技术讲座、企业现场观摩、学术研究报告等形式，引导学生从被动接受知识转变为主动构建知识体系。行业或企业专家的主要作用是及时带来产业对人才的最新需求，把发展趋势、企业案例、企业研发等项目融入课程教学中，使教学体系及时更新与调整，保障项目实践与产业实际的对接。

5. 构建产教深度融合、校企深度合作的实践教学体系

产教深度融合就是要求构建教学过程与生产实践相对接的实践教学体

系，以企业实际项目开发为基础，参照企业岗位实际生产过程进行教学安排，教学主体为高校教师、企业导师、学生、客户多元参与形式。校企深度合作最主要的是校企双方共同建设校内外实训基地，为学生提供与企业、行业实际岗位相一致的实践教学场景，同时为学生深入了解企业生产环境、企业文化、岗位要求提供真实的训练环境。这样便能够让学生真切地体验，并为企业提供考核学生的平台，缩小学习过程与工作岗位之间的距离，真正实现人才培养与社会需求的无缝对接。产教融合理念下多元协同育人的实践教学模式主要包括以下几类：

（1）工作室制实践教学模式

以学校专业教师为主导，行业一线技术服务人员为辅助，构建工作室制实践教学模式，融“产、学、研”于一体，学生通过双向选择进入工作室，促进学生知识、能力和素养的提升。目前，大同大学数字媒体技术专业建有游戏开发、广告设计、摄影摄像、影视制作等工作室。

（2）教、学、做一体化的实践教学模式

以企业实际项目为基础，围绕完成项目展开教学，将理论学习与实践应用交叉进行，构建教、学、做一体化的教学模式，学生能够及时地把理论课的学习内容运用到实践中，在实践中尽快发现差距，对欠缺的部分有针对性地进行深入学习，提高学习质量。

（3）以大赛为引领的实践教学模式

通过指导学生参加全国大学生数字艺术设计大赛、全国大学生广告艺术设计大赛、国际大学生影视作品大赛、全国三维数字化创新设计等国家级大赛，将比赛规则及内容融入实践教学过程中，培养学生的协作能力和创新思维，为学生搭建拓宽知识、培养能力和展示自我的广阔平台。

6. 以保障高效持续发展为目标，健全产教融合机制

产教融合理念下的多元协同育人模式需要健全一体化的多元合作办学机制，包括校企合作管理办法、校企合作质量评价制度、人才引进工作管理办法、经费使用办法、学生实习管理办法等，明确校企合作双方相应人员的责任、权利与义务，形成互赢互享的激励机制、合作创建的运行机制、综合科学的保障机制、切实合理的评价机制。

二、南宁师范大学自然资源学院与广西房地产业协会、广西辉煌地产公司合作办学

南宁师范大学坚持产教协同育人理念，围绕房地产应用型人才培养核心目标，充分利用房地产行业企业资源，与行业企业紧密合作，通过项目合作、挂职锻炼、实习基地共建、联合制订专业人才培养方案、联合开发专业特色课程等方式，与行业企业优势互补、共同育人，将校企合作、产教融合贯穿于房地产专业人才培养的全过程，促进人才培养链与产业链的有机融合，实现与地方社会经济的良性互动，使学校和行业企业成为利益共同体，实现高校人才培养与用人单位无缝对接。

2016 年 4 月至 2017 年 12 月期间，该校分别派遣两位房地产专业教师前往广西房地产业协会挂职锻炼，担任广西房地产业协会综合部副主任一职，参与房协日常工作，深入行业和企业开展调查研究、座谈和研讨，并及时将调研座谈成果整理上报给广西住建厅房产处。通过参与房协的工作，该校房地产专业教师对广西房地产业的发展现状、问题及房地产行业主管部门的工作情况有了更深入的了解，有效提升了挂职锻炼教师个人阅历和对房地产行业的认知水平。

2016 年 4 月至 2017 年 9 月，受广西住建厅房产处和广西房地产业协会委托，该校先后承担并顺利研究了“广西房地产市场形势分析架构研究”“广西‘十三五’城镇住房事业发展规划（2016—2020）”“广西物业管理行业诚信监管信息管理办法研究”三项课题，获得了广西房地产业协会和广西住建厅房产处的一致认可与好评。项目合作进一步促进了该校与广西房地产业协会的紧密合作，为今后双方在房地产专业研究领域形成长期稳定的产学研合作关系奠定了良好基础。

2017 年 10 月中旬至 2017 年 12 月初，该校发起举办面向全区房地产本专科院校的首届房地产策划大赛。为确保赛事顺利举办，特邀请广西房地产业协会作为赛事的主办方之一，全程参与赛事的各项组织工作。在广西房地产业协会的巨大号召力下，广西辉煌地产公司积极响应，成为赛事的冠名赞助方，为赛事的举办提供经费支持和专业技术指导。最终，由该校承办的首届“辉煌杯”广西大学生房地产策划大赛得以顺利举办，广西财经学院、广西建设职业技术学院、广西机电学院、南宁职业技术学院及该校共 5 所高校 10 支队伍参加了比赛，大赛最终获得了巨大成功。本次大赛的举办，进一步加强了该校与广西房地产业协会、广西辉煌地产的紧密合作关系，为校社

校企深度合作提供了新的模式，同时也借助本次大赛全面提升了该校房地产开发与管理专业在广西房地产业界和房地产专业教育领域的品牌知名度，收获了良好的社会声誉。

2018年以来，广西房地产业协会、广西辉煌地产公司成为该校房地产开发与管理专业开展毕业综合实习（顶岗实习）的首选单位，先后接纳了近30人次的实习生，为该校培养房地产实践型应用型人才提供了巨人助力。同时，作为广西区内代理楼盘业务量最多的房地产公司，广西辉煌地产公司在该校开展房地产专业课程实习方面提供了巨大便利，不仅根据课程实习需要及时对接房地产项目，而且安排公司业务骨干参与实习指导，涉及《房屋建筑学概论》《房地产市场营销》《房地产项目策划》《房地产开发与管理》《房地产经纪实务》等众多课程的踩盘、项目讲解、工地现场参观等实践活动。

自该校房地产开发与管理课程2015年创办以来，为提高本专业的学术研究水平、开阔广大师生房地产专业视野，该校每年均安排多场房地产专业领域学术讲座。其中，广西房地产业协会在房地产行业发展态势、人才需求、宏观调控政策等研究领域成果丰富，连续多年在该校开设房地产领域学术讲座；广西辉煌地产公司在房地产职业发展规划、项目前期定位策划、营销策划、房地产交易税费等领域具有丰富的业务实践经验，定期为该校房地产专业师生开展房地产相关业务专题讲座。目前，定期邀请广西房协、广西辉煌地产公司等实习实践基地的有关专家来校开展学术交流，已成为该校房地产开发与管理专业对外交流的一项良好传统，有效增进了该校与实习实践基地的日常联系和友谊。

通过深度开展与广西房地产业协会、广西辉煌地产公司的校企校社合作，该校新办房地产专业很快摆脱了专业创办初期的迷茫和困惑，找准了该校房地产专业人才培养方向，初步构建了具有国土测绘特色的房地产专业人才培养模式。通过与广西房地产业协会、广西辉煌地产公司的长期合作，该校房地产专业人才的专业素质、实践能力、就业能力得到显著提升。

东软睿道信息科技股份有限公司实践基地
校企合作协同育人项目实施方案

一、时间：2018 年 2 月至 2021 年 2 月

二、地点：东软睿道信息科技股份有限公司实践基地

三、项目实施内容及相关保障措施

1. 具体措施

项目的宗旨在于对现有的汽车电子类、计算机类、电子信息类专业的部分学生进行协同培训。以大学生创新创业需求为导向，以专业技术学习为核心，由学校和企业共同引导，课程内容采用“创新创业理论基础 + 专业技术 + 综合实践”的三层递进式教学。在教学方法上采用基于互联网平台的“O2O 课程教学模式”，实现线上学习理论知识、线下进行实践操作，使创新创业教育进一步落到实处。

2. 课程内容

课程内容分三部分：创新创业基础教育、专业技术教育、综合实践。

（1）创新创业基础教育基于互联网平台采用线上教育，培养学生的创业意识、创新精神，让学生了解国内外创新创业教育的发展情况和我国针对大学生创新创业的宏观政策，了解如何撰写创新创业计划书、如何依法创新创业、进行财务预算，以及如何创新创业融资等。

（2）专业技术教育。针对创新创业实践中需要的技术，与企业合作，采用校内外导师共同指导的方式，协同学生解决技术难题。

（3）综合实践。通过合作企业引进项目，并根据不同的项目，建立线下项目 workshop，以项目为导向，展开综合型实践，在实践中不断总结理论知识和专业技术，并形成项目实践成果，让创新创业实践落到实处。

3. 课程创新点

（1）理念新颖，课程教学采用一个导向、一个核心、双向引导、三层内容和一个平台。

（2）校企合作共建创新创业课程。充分利用企业项目资源多、技术先进的优势和学校理论知识体系完善、教学过程严谨科学的优势，在具体实践

中做到有资源、有指导、有过程、有成果。

（3）创新创业内容与专业技术紧密结合，充分发挥信息技术专业的优势，实现科技创新创业。

4. 课程形式

（1）课程采用“O2O”的方式进行教学，针对每一讲的内容，学生必须完成“在线微课程视频学习→填写实训手册完成课后思考题→参与 workshop 团队实训演练”，才能通过考核。

由合作企业专家和学校专业骨干教师共同引导，帮助学生开展创新创业实践。

5. 构建创新创业学习新模式

结合“东软创业 +”创业通识教育体系，构建大学生创新创业学习新模式，加速高校创新创业通识教育改革。

（1）可提供东软睿创实训平台，平台内包含创业通识微课、创业访谈微课、创业公开微课、创业思维微课、职业素质微课、就业指导微课、教学管理等，价值 100 万；

（2）可提供满足学校创业基础教学的创业通识微课课程视频。《“东软创业 +”创业通识课程》由中国首批创业教育专家担当主讲，是一套完整的基于 O2O 教学模式的创业通识课程体系，可帮助各院校的全体师生开展普适性的创业基础教育，可以满足教育部创业基础课程 2 学分，32 学时的教学要求。

（3）可提供创业通识微课程配套教材——“O2O 创业实训指导教程”。教材由国内知名创新创业教育专家撰写，以实训问题为核心，每节都精心设计了一些需要读者认真思考，或实际调查，或系统设计后才能完成的内容，让学生在解决问题的过程中提升创业能力。

（4）可提供满足学生创业实训所需的创业沙盘模拟实训平台。创业沙盘模拟实战平台是一套创业模拟演练沙盘软件系统，包含课程、训练、竞赛等功能，提供从注册公司到虚拟运营的全过程的可视化模拟演练环境。透过平台领先的商业模拟引擎，可让学生在虚拟创业空间里全面体验创业的全过程。

6. 探索创业全产业链服务的新模式

基于东软领先的云计算和大数据等技术，面向大学生、高校、城市推出的中国最领先的创业服务平台——CooVenture 创业云平台。平台包括创业慕课、创业项目管理、创业导师、孵化与加速、投融资服务等创业全产业链

服务，价值100万。基于以上内容，可开展创新创业课程建设、教学资源建设、实验室建设、创新创业信息化建设、创新创业教育体系构建、创业导师队伍建设、创业团队培育服务、创新创业项目知识产权服务及合作等。形式和内容根据学校的建设目标和基础优势创建，力求提升高校创新创业教育水平，打造产学合作协同育人项目合作典范。

7. 校企合作保障

（1）合作机制保障

设立校企联合的工程实践教育中心指导委员会。对中心工作的方向、工作重点进行把握，审核构建工程实践教育中心组织结构和人员组成，审核中心各项管理机制、发展规划与年度工作计划，指导双方合作（学院共建、专业共建、校企合作强化班等）的各项工作；设立校企合作的工程实践教育中心工作委员会。安排中心的各项工作包括制定中心的各项管理机制、制定中心发展规划、制定中心年度工作计划、落实校企合作的各项具体工作、定期向指导委员会汇报各项重点工作的进展。此外，还需分别在企业和学校设立工程实践教育中心办公室、实践教学部、学生管理部等，人员由企业、学校人员各自组成，并建立双方的沟通机制，做到职能互动、充分融合，切实履行职责。

（2）合作制度保障

合作双方通过指导委员会、工作委员会及下属组织共同确定方针政策，并制定相关实施的计划和制度，确保高校和企业能够优势资源互补，并确保达成双方的合作目标。校企双方共同组建的指导委员会等管理机构，须定期进行校企合作（专业共建、校企合作强化班等）各方面的沟通、总结，每年度至少要进行一次年度总结和讨论，了解本年度合作的情况并确定下一阶段合作的策略和计划。

（3）教学质量保障

①通过理论→实践→理论的训练，把理论知识转换成实战能力，通过仿真项目实战加快理论知识的理解，全面提升工作实践能力，全部实训项目采

用企业真实的工作环境和真实的商业项目。

②所有实训项目开发全面遵循CMMI5国际标准设计的项目管理流程，对项目策划、需求分析、系统设计、概要设计、详细设计、编码、单体测试、结合测试、系统测试、产品提交、产品维护等各个阶段进行标准开发流程的管理和监控。

③实践项目中的实训经理均来自东软研发一线，具有丰富的项目背景、精湛的技术水平，力求在项目实战中快速提升学员动手能力。在整个项目开发过程中，会真实应用规程、方法、指南、模板、表格等多层次的体系文件，以便有效提升所有学员的能力。

④学习结束后，通过职业素质、理论课程、项目实践等多个方面进行考核，并结合整个实训过程中行为导师、讲师和实训经理的综合评价，以项目组为单位对实训学员进行考核评估，成绩合格者颁发《东软睿道实训证书》。

后 记

近年来，南宁师范大学高度重视产教融合和校企合作协同育人工作，出台了系列激励政策，取得了很好的育人效果，人才培养质量不断上升，社会用人单位对学校毕业生的满意度越来越高。笔者作为产教融合、校企合作工作实践推动的积极参与者，近年来，也组织团队开展实践研究，深入广西区内企业、高校和广东省有关高校及企业开展调研，经过酝酿构架了本书的撰写框架，并收集了大量的文献和多个实践案例，为撰写本书提供了有益的帮助。为了能顺利出版该专著，还得到了南宁师范大学地理与海洋研究院、北部湾环境演变与资源利用教育部重点实验室胡宝清教授的大力支持，还得到了南宁师范大学经济与管理学院宁德鹏博士、自然资源与测绘学院段炼教授和吴彬博士等的大力支持，同时，还得到了诸位亲朋好友的鼓励与鞭策。在此，表示衷心的感谢！